三亚学院人才引进项目：USYRC19－03

中国县域工业转型与可持续发展研究

——以湖北省宜城市为例

李峰·著

中国财富出版社

图书在版编目（CIP）数据

中国县域工业转型与可持续发展研究：以湖北省宜城市为例／李峰著.
—北京：中国财富出版社，2019.5
　ISBN 978－7－5047－6911－4

　Ⅰ.①中…　Ⅱ.①李…　Ⅲ.①县级经济—工业经济—经济可持续发展—
研究—宜城　Ⅳ.①F427.634

中国版本图书馆 CIP 数据核字（2019）第 101024 号

| 策划编辑 | 谢晓绚 | 责任编辑 | 吴婉素 | | |
| 责任印制 | 梁　凡 | 责任校对 | 卓闪闪 | 责任发行 | 张红燕 |

出版发行	中国财富出版社		
社　　址	北京市丰台区南四环西路 188 号 5 区 20 楼	邮政编码	100070
电　　话	010－52227588 转 2098（发行部）	010－52227588 转 321（总编室）	
	010－52227588 转 100（读者服务部）	010－52227588 转 305（质检部）	
网　　址	http://www.cfpress.com.cn		
经　　销	新华书店		
印　　刷	北京九州迅驰传媒文化有限公司		
书　　号	ISBN 978－7－5047－6911－4/F・3092		
开　　本	710mm×1000mm　1/16	版　次	2019 年 12 月第 1 版
印　　张	12	印　次	2019 年 12 月第 1 次印刷
字　　数	150 千字	定　价	52.00 元

前　言

依据国家统计局相关资料，截至 2014 年年底，我国有 361 个县级市，897 个市辖区，1425 个县，117 个自治县，49 个旗，3 个自治旗，1 个特区，1 个林区，总计有 2854 个（香港、澳门特别行政区及台湾地区除外）县级行政地区；全国县域人口达到 8.154 亿，占全国总人口的比例为 61.18%；全国县域经济的 GDP（国内生产总值）占全国 GDP 的比例超过 60%。① 县域经济发展到今天已成为我国总体经济的重要组成部分。

县域工业是县域经济发展的核心和支柱，也是国民经济的重要支撑。大部分乡镇企业的振兴，意味着县域的经济发展终于摆脱依赖、依靠农业带动经济增长，县域工业日渐成为经济发展的主体。县域工业的蒸蒸日上，对于缩小差异，加快县域的建设和实现农业生产的"四化"起到极其重要的推动作用。同时，县域工业的发展对我国的国计民生发挥着至关重要的作用。换句话说，县域经济的发展离不开县域工业的发展。

本书以湖北省襄阳地区的宜城市②工业可持续发展为研究的对象，

---

① 数据来源：国家统计局，http：//www.stats.gov.cn/。
② 宜城市为襄阳下辖县级市，虽为"市"，但依然符合本书中"县域"的范畴，在本书中，还将出现一些"市域"的概念，如无特别说明，可与"县域"通用。

在深入调查研究和分析宜城市自然资源、工业基础、生态环境、科学技术、政策制度等基础上，构建经济模型，对宜城市工业可持续发展水平、环境竞争力进行评价和分析；提出了关于宜城市工业可持续发展的目标、战略、发展模式、空间布局、产业规划和制度环境保障等建议，并试图弥补一些我国县域工业可持续发展理论研究方面的不足，为新型工业化要求下推进县域工业可持续发展提供科学的理论依据。

本研究综合区域经济学、发展经济学、产业经济学、制度经济学、环境经济学、管理学、数理经济学和计算机等学科的知识，从规范分析和实证分析切入，始终以新型工业化、县域工业化发展的内涵为主线，采用历史分析方法、比较分析方法、综合与抽象方法、归纳和演绎方法等，对宜城市工业可持续发展进行了研究和探讨。

本书基本结构如下。

第一章阐明了论文选题的背景和意义，针对国内外的现状的研究，首先从工业经济发展进程的角度出发，解释了以宜城市工业可持续发展为命题的背景、目的及其意义；明确了本书的研究方法及内容，讨论了本书的创新点，并对宜城市县域未来的工业发展提出了预测。

第二章主要是宜城市区域工业的可持续发展理论，包括工业化阶段理论、区域经济理论等发展理论。

第三章介绍了宜城市工业可持续发展水平评价和影响因素分析；总结和概括了宜城市区域和工业发展概况，详细地说明了宜城市工业可持续发展水平评价指标体系的构建，遵循新型工业化的内在要求与县域工业化发展的内涵设计出五个一级指标、十二个二级指标，勾勒出县域工业可持续发展水平评价的指标体系；然后利用新型模型对宜城市工业可持续发展进行具体评价与分析；总结出影响宜城市工业可持续发展的工业基础限制、土地流转制度的效果制约等因素。

第四章可细分为四个小模块：对宜城市的工业可持续发展环境竞争力分析；工业可持续发展所面临的机遇与挑战，如何使之更好更快地适应经济发展潮流；提出了相应的发展战略；对县域发展的模式和实现路径进行了剖析。

第五章阐发了宜城市工业在未来5~10年可持续发展的目标，整个区域的工业结构调整和工业产业规划，最后详细制订出宜城市工业空间布局规划思路，打造宜城绿色工业走廊——"一区四园"。

第六章首先提出宜城市工业可持续发展的对策：以解放思想导航，培育更加通达的思维模式和社会氛围；坚持以招商引资和项目建设为中心，提高社会经济发展的综合力量；把紧抓特色作为突破口，明确市域经济社会发展的方向和地位；以优化宜城市环境发展为重点，创造更具有竞争力和吸引力的环境。然后提出要加快对宜城市工业可持续发展制度与环境保障的建设。

第七章是全书的总结与研究展望，主要囊括了五小点有关创新点的内容。

本书创新之处如下。

第一，突破以往从行政角度研究的方法，以新的视角，从县域工业的角度研究宜城市工业可持续发展和产业规划。针对行政区域划分研究的零散性、分裂性进行改进，对宜城市乡村、城镇、县域工业、企业等做系统分析和研究。

第二，构建县域工业可持续发展水平评价模型，按照新型工业化的内在要求，设计出了评价县域工业可持续发展水平的指标体系。采用层次分析法，使用该指标体系对宜城市工业可持续发展水平进行评价并加以分析和总结。这一方法综合了区域经济学、制度经济学、产业经济学、管理学、数理经济学和计算机等学科知识，具有一定的理论和实践指导意义。

第三，当前，县域工业可持续发展正日益面临着资源与环境"瓶颈"，既要求发展，又要兼顾资源和环境的承受能力，如何在这样的约束条件下选择适合当地的工业可持续发展模式，是当前研究的主要课题，具有很强的现实意义。

第四，探索了县域工业可持续发展模式的基本框架。结合宜城市的工业发展情况，构建县域工业可持续发展环境竞争力评价模型，对影响宜城市工业可持续发展环境竞争力的主要因素进行了分析，提出了宜城市工业可持续发展目标、战略、发展模式、实现路径及对策建议。

第五，在县域工业可持续发展能力建设方面，本书认为知识投资是可持续发展能力建设的关键。对于如何进行可持续发展人力资本建设，本书尝试引入"边干边学"机制。因为可持续发展知识积累和人力资本形成单一依赖于正规教育并不现实。将在实践中不断解决问题所积累的经验加以运用，亦是县域工业生产活动中获得有关可持续发展的知识的重要路径。

本书研究展望如下。

从实践的角度来阐述，世界上各个国家和地区的社会经济不断发展的历程，就是工业化在各个不同阶段持续发展的历程。这样一来也证实了各个国家和地区的工业增长与 GDP 增长之间存在着较为密切的关系。

　　为了能够科学地解决中国区域经济发展不均衡的问题，我国要对县域工业可持续发展做出系统的分析及研究。本书针对未来县域的工业可持续发展问题，做出主要概括。

　　特别感谢三亚学院管理学院 2017 级物流专业刘若琳、傅康杰、李蕾蕾同学，中南财经政法大学会计学院 2017 级会计专业曹语佳同学，武汉工程大学法商学院 2016 级法学专业李慧琳同学，他们负责收集、整理资料，为本书的完成做了大量的、有益的工作。

目　录

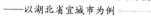

第一章 绪 论

第一节 选题的背景和意义

一、选题的背景

依据国家统计局资料，截至 2007 年年底，我国有 369 个县级市、856 个市辖区、1463 个县、117 个自治县、49 个旗、3 个自治旗、2 个特区林区，总计有 2860 个（香港、澳门特别行政区及台湾地区除外）县级行政地区；全国县域人口达到 9.15 亿，占全国总人口的比例超过 70.41%；县域内土地面积 874 万平方千米，占全国土地总面积的 94%；全国县域经济的 GDP（国内生产总值）占全国 GDP 的比例超过 60%。[①] 县域经济为我国总体经济的发展做出了贡献，已成为其重要组成部分。

县域经济是指在我国行政划分的县级区域内，以乡镇为中心，各种经济成分共同构成的一种区域性的经济体系，是中观经济的一个组成部分。它处于城市经济与农村经济中间。县域经济是国民经济最基本的经济单元之一，包括县、乡、村三个层次的经济，具有基础性、层次性等

---

① 数据来源：国家统计局，http://www.stats.gov.cn/。

特点。县域经济是城市、农村兼容，经济功能齐备的综合体，是我国国民经济的重要组成部分。县域涵盖"三农"，是"三农问题"的集中地。解决好一个地区县域经济的发展问题，对促进该地区的改革开放和社会稳定，切实解决"三农问题"，实现全面建成小康社会目标具有重要的现实作用。加快我国县域经济发展，对增强我国整体经济实力及经济竞争力，提升我国综合国力，有着十分重要的战略意义。

县域经济是我国国民经济的基础环节。2004 年，我国县域 GDP 总额为 7.71 万亿元，占全国 GDP 总量的 56.31%，县域乡镇企业总产值达到 140434.5 亿元，实现增加值 32385.8 亿元，利润总额达 7557.8 亿元，上缴税金 2963.5 亿元。[①] 这充分体现了县域经济在我国国民经济中的重要作用。我国走以农建工、以工促农、以城带乡的发展道路，大力发展县域经济是必然的选择。

县域是联结城市与乡村的重要中间环节。县域经济在规划制度、经营战略重点确立、产业开发、经济结构调整等方面，具有相对独立自主性，能够协调农业和其他产业之间的关系，兼顾县、乡、村三个层次以及城市和农村两个领域。我国想顺利地实现由二元化异质社会经济结构向同质一元化社会经济结构转变，要依赖县域经济的发展和壮大。发挥农村经济的聚集效应和城市经济的扩散效应，对县域经济的顺利增长起着关键作用。

县域工业在县域经济的发展中占主体地位。对于大部分县域来说，乡镇企业的崛起代表着其经济发展终于脱离了唯一的路径。随着农业的不断发展，县域经济也有了推动式的增长。工业化产业与日俱

---

① 数据来源：国家统计局，http://www.stats.gov.cn/。

增，已逐步发展成为县域经济的主体。从现实来看，县域工业成为县域经济的重要支柱，是县域经济的财政收入的主要来源和解决就业问题的主要渠道。发展县域工业是解决农村经济问题的金钥匙。县域工业不活，县域经济难活；县域工业不兴，县域经济难兴。从国内看，我国大多数县域农业经济特征还十分明显，培育和发展县域工业是首要任务，从国外看，发展县域工业是融入经济潮流的现实选择。因此，发展县域工业是繁荣县域经济的主要途径。

县域工业的与时俱进，对拉近工农产业之间的差距、增进工业和农业的协调互动性发展、缩短城市与乡村之间的差距，把城市和乡村的各项产业有机结合，打造以县域为核心的经济发展区域，促进周边小城镇的发展建设等起到至关重要的加速作用，同时为努力实现农业生产"四化"发挥着重要的作用，具有深远的意义。另外，国计民生离不开县域工业的发展。因此，没有县域工业经济的现代化，就没有县域经济的现代化。

二、选题的意义

本书以湖北省宜城市工业可持续发展为研究对象，在深入调查研究和分析宜城市自然资源、工业基础、环境、技术创新等基础上，提出了宜城市工业可持续发展的目标、战略、发展模式、空间布局与产业规划。我国在县域工业可持续发展理论研究方面存在不足之处，本书旨在为知识经济条件下推进县域工业可持续发展提供理论依据。

研究县域工业可持续发展和宜城市工业可持续发展这一课题具有很强的现实意义。

第一，县域工业是县域经济的主体。县域工业包括县城工业、乡镇工业、村组工业等区域工业。从现实意义上理解，县域工业是县域经济的重要支柱，是县域经济的财税来源和就业支柱，在繁荣县域经济中具有不可替代的作用。从理论上讲，工业化仍是县域经济发展的首要策略，县域经济的发展一般要经历农业产业经济和工业产业经济等阶段，目前我国大多数县域处在农业产业经济阶段，培育和发展县域工业是理所当然的现实选择。从宏观上看，发展县域工业是解决县乡矛盾的"金钥匙"。县域工业与县域经济相辅相成，是"一根绳上的蚂蚱"。

第二，县域工业是县域经济发展的核心和支柱，也是推动我国国民经济快速发展的重要支撑力量。县域工业是县域经济的核心力量和重要支柱。在我国，乡镇企业的崛起对于大部分县域来说，意味着经济发展的独立。

第三，从县域工业的角度而非行政角度研究、探讨和设计宜城市工业发展战略和规划，为宜城市工业可持续发展研究和产业规划提供了新的视角和方法。以往对宜城市工业的研究建立在行政区域划分的基础上，并且是零散的、分裂的，没有专门的研究机构对宜城市乡村工业、乡镇工业、县域工业等做系统分析和研究。随着宜城市属工业的全面改制，它们的体制、经营性质和市场性质已经趋同，面对的都是相同的、没有行政意义割裂的国内外大市场。

第四，当前，县域工业可持续发展正日益面临着资源与环境约束，既要求发展，又要兼顾资源和环境的承受能力，如何在这样的约束条件下选择适合自己的工业可持续发展模式是当前迫切需要研究的课题，具有很强的现实意义。本书选择特定的地区——湖北省宜城市进行这一研究，对该地区相关部门政策制定有一定的借鉴和指导意义。

第二节 国内外研究现状

一、国外研究现状

国外学者关于工业可持续发展、乡村工业发展以及城乡关系研究的代表性理论如下。

彼得·R. 奥德尔在《工业生存与持续发展》一书中列举了工业生存和发展过程中人们面临的资源环境问题，建立了"资源—环境—政策""三位一体"的工业持续发展研究框架。他指出，世界上不管是发达国家还是发展中国家，要想实现工业的可持续发展就必须从这三个方面来分析和考虑对策。

巴德·E. 奥尼尔与约瑟夫·S. 西莱威茨在《能源危机与美国外交政策》一书中对美国、西欧和日本在工业革命前后资源消费方面所面临的问题、对策及这些对策失败的原因做出分析。在此基础上，其提出了纵向合作、横向合作和综合合作三种模式作为国家间资源、环境领域合作的基本模式。

弗里德曼和道格拉斯提出集中发展农业城镇，强调通过频繁的、合理的城市与乡村的交流与联系，在全国范围内建立起整体统一的经济与社会均衡发展的格局。

维尔弗里德·L. 科尔在《现代工业可持续发展——欧洲，美国、日本的工业政策》一书中，从不同角度逐个分析了欧洲，美国、日本工业的可持续发展问题，分析了资源利用、技术开发的现状和前景，环境政策的走向，并对国际环保机构的国际多边合作机制的运行和演变进行了分析。

沃德与杜博斯在《只有一个地球——对一个小小行星的关怀与维护》一书中，提出发展要顾及生态、环境和未来，应对经济发展加以调整。其理论特点是就环境问题谈如何治理环境。

斯多尔与泰勒认为，合理的城乡联系的标志是满足人们的基本需求，城乡发展的中心是农村发展。

彼得·克里特从历史角度考察了欧洲的乡村工业，称欧洲资本主义产生之前的乡村工业为"工业化之前的工业化"。

梅森·威尔里奇在《工业发展与资源约束》一书中，回顾了1945—1975年国际工业的发展变化及其内在动力，分析了工业发展与国家资源、全球环境三者之间的关系，提出建立协调的全球工业组织体系，发展出一种管理世界工业与资源持续利用问题的国际机制的可能性。他的理论实质上是工业发展就是资源约束问题。

迈克尔·P. 托达罗指出，要加强农村的综合发展与建设，增强农村对农业剩余劳动力的吸引力。

刘易斯·芒福德提出"二元经济理论"，即把城市现代工业作为国家经济发展的主体，吸收农业部门的资源，达到共同发展。针对刘易斯的不足之处，拉尼斯和费景汉于1964年发表了《劳动剩余经济的发展——理论和政策》，进行了修正和扩展。在"刘易斯—费景汉—拉尼斯"模型之后，发展经济学家霍利斯·钱纳里对结构转换和工业化问题做了进一步的实证研究。乔根森模型则对"刘易斯—费景汉—拉尼斯"模型的农村剩余劳动力转移的假设提出质疑，并试图探讨工业部门的增长是如何依赖于农业部门的发展。

威廉姆·伯德在《政府报告（1990）》中从政府政策、实施方案角度研究乡村工业。

巴伊尔、沃尔夫分别考察了伊朗乡村工业化和印度尼西亚爪哇岛的乡村工业化。

朗迪勒里主张建立遍及全国的分散的城市体系，使城市均衡分布于全国各地，从而加强城乡联系。

戈特曼开拓性地提出"灰色区域"理论，或"中间地带"理论。作为一种新型的空间结构转换形式，"灰色区域"被麦吉定义为"同时承受城市与农村行为的地理区域范围"，它是联结大中城市与农村的区域，它与农村地域上紧密相连，同大中城市在产业上交流生产。伊迪、努尔、迪亚斯等学者论述了"灰色区域"产生与发展的客观力量和客观条件。麦吉、金斯伯格等学者则从对亚洲不同国家的研究中总结出"灰色区域"的共同特征。格林佰格、查尔斯分析了"灰色区域"的积极意义和存在的问题。

玛哈瑞杰对中国的乡村工业化的研究，包括中国改革背景下，历史上各区域的工业的发展、乡村工业化问题、乡村工业化对地方国有企业的影响、乡村工业化与能源利用、乡村工业企业管理问题、农村领导者的经济行为、乡村工业化对城市化的影响问题等。中国的乡村工业化问题在国外已有的乡村工业化专题研究中有非常典型的意义。

工业可持续发展理论的研究和进展如下：对可持续发展的概念、内涵、思想和理论从经济学方向、生态学方向、社会学方向进行研究，认为可持续发展的政策框架包括社会目标、政策目标、政策、行动层等，如罗马俱乐部的《增长的极限》，联合国的《人类环境宣言》等。

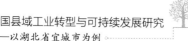

研究发展给资源和自然环境带来的不利影响问题、可持续发展理论体系的建立问题，以及如何实现工业可持续发展问题，如联合国可持续发展委员会（UNCSD）的可持续发展指标体系、联合国统计局的综合环境与经济核算体系（SEEA）。国外学者主要通过数量化模型来研究工业持续发展问题，并根据研究结果提出相应的政策建议，如运用运筹学的线性规划理论研究复杂的资源分配问题（彼得·茨维费尔和苏珊娜·博诺莫，1995）；运用计量经济学的3Es模型研究2030年以前经济（工业）、资源和环境的发展状况（李支东，2003）；一些学者运用定性分析方法从工业可持续发展和能源供应等角度，研究国家未来经济安全和能源安全的问题、前景及相关政策（普拉尼什·钱德拉萨哈，2003；迪特尔·赫尔姆，2002；大卫·L. 格林斯、唐纳德·W. 琼斯、保罗·N. 莱比，1998）。

国外对乡村工业的研究比较具有针对性，研究领域具体而详细。1973年，在布加勒斯特召开的乡村工业化专家组会议上，发布了关于乡村工业化的报告。自此以后，各国学者开始了对乡村工业化的专题研究。

国外对乡村工业和乡镇企业的研究成果，主要集中在城乡联系、乡村工业、乡镇企业方面：关于在经济体制改革背景下的乡镇企业的一般性的定性描述（威廉姆·A. 伯德，1990），研究乡镇企业在社会经济政治中的地位与作用（车嘉华[①]，2002），研究中国乡镇企业的制度改革与历程，研究中国乡镇企业释放出来的政治与经济影响力，研究乡镇企业的生产效率，比较研究国有企业与乡镇企业。

---

① 车嘉华，中欧国际工商学院经济学教授，多篇文章发表于《经济学》《经济研究评论》《经济学理论杂志》《比较经济学杂志》等期刊。

二、国内研究现状

蒋清海在《中国区域经济研究：回顾与评价》中，探讨了中国区域经济问题，主要有宏观区域发展战略问题、区域市场发育问题、区域性地方发展战略问题、区域产业结构问题、区域开放战略问题、区域经济布局原则问题、区域经济关系问题、区域经济协调发展问题等，梳理了区域经济的各个研究方向。

国内就县域工业的定义，存在较大争议，至今还未有统一的口径。朱舜认为，县域工业应该包括城镇、集镇居民、乡村农民家庭兴办的和县、镇、乡、村、组兴办的各种门类的工业企业。县域工业构成县域经济的主要部门，在县域经济中发挥着主导和支柱作用。叶守民认为，县域工业是企业办在城市的城市工业，办在农村的农村工业。这些企业在一个县行政区域范围内，以公司经营为市场组织形式，具有很强的生命力及经济活力，主要利用原材料进行加工和再加工，或从事自然资源开发、采掘。两者定义的阐述相同之处在于都认为县域工业既包括了县域范围内的城市工业，也包括了该范围内的农村工业。所以，县域工业的范围是可以将城市工业和农村工业都纳入进来的。

刘诗白、杨荫凯认为，县域工业在县域经济中发挥着重要的、主要的作用。首先，有利于"三农"问题的解决。县域工业发展对解决"三农"问题所起的作用主要表现在增加农业附加值使农民增收、实施工业化转移农村剩余劳动力、实施农业产业化发展、延长农业生产链等方面。其次，县域工业化是农民摆脱单纯依赖农业生产收入，增加可支配收入的根本途径。在农村发展工业客观存在两方面条件：一是农村工业是现代城市工业扩散的结果，在组织技术方面同外界保持着相对频繁、紧密而稳定的联系。二是工业与农业之间，由于资本、技术和制度等的不同，存在着许多不兼容的因素，这些因素构成了两大社会生产之间的障碍。在缺乏相互转换的机制的环境下，二元经济结构被不断地制造出来，而作为相对独立的另外的社会生产力量的农村工业植根于传统的农村社会，容易为农民所接受，又为把农民组织转移到非农业的经济部门中准备了前期条件。这样一来，农村工业便自然成为二元经济之间联系和转换的桥梁，成为打破二元经济之间障碍的重要力量。

杨荫凯、熊耀平、冯国宾、姜宝林等对县域工业化有效转移农村剩余劳动力的作用与贡献做了详细的探讨和研究。阎东明、周金堂、杨荫凯提出，农业产业化必须依赖于工业化。县域经济发展需要工业化、城镇化、农业产业化"三化"共同发展，而"三化"的核心是工业化。农业产业化的前提条件是工业化，大力推进工业化，使农村剩余劳动力大量地转入工业生产各个部门和城镇就业，农业劳动力就能提高人均资源占有量，从而提高农业劳动生产率，具备发展农产品加工业的市场条件和改造传统农业生产经营方式的条件。

杨荫凯、周金堂、宋爱华对城镇化发展、县域工业化之间的关系进行了研究。首先，城镇化的前提条件和存在基础是工业化。工业化对城镇化的基础性作用主要表现在：第一，实现工业化，城镇化就具有强有力的产业支撑，促使农村城镇化和第三产业快速发展；第二，实现工业化，城镇政治、社会保障、文化、教育等城市功能会得以实现；第三，实现工业化，城镇基础设施建设资金就有了可靠保障。其次，城镇化推动工业化的发展。城镇化适应工业大规模集中生产的需要，能够极大地推进工业化，是因为：第一，产业合理聚集需要依靠城镇化，并带动其快速发展；第二，城镇化可以提高工作效率和劳动者素质；第三，城镇化能产生巨大的经济效益；第四，城镇化能够产生反哺效应，有利于农村工业集聚、有利于促进农村劳动力向工业及其他部门转移，推动农业的发展；第五，城镇化会产生中心城市，形成城市圈和城市带，使社会经济生活得以改善。

宋爱华、周金堂对县域工业的产业结构和就业结构的调整进行了探讨，认为工业是县域经济的主导和核心，发展县域经济关键靠发展工业，工业做强做大了，农业和服务产业才能繁荣，否则其他产业难有作为。县域经济的发展中，如果工业占县域经济总量的比重过小，吸纳农村富余劳动力就业的能力就会降低，再加上其他因素的影响，第三产业进入市场的水准就较低，社会化程度也低。工业化带动城市化，使产业结构发生调整，又影响就业结构变动。而产业结构和就业结构的变动关系，在很大程度上影响着工业化对城市化的带动作用，就业结构中从事农业的人口大量析出，带动了人口向城市的迁移和集中。周金堂认为，工业化是改变我国县域经济发展过程中投资分散、资源浪费、管理方式陈旧落后现状的一场新的革命。

朱舜、杨荫凯研究和归纳了传统县域工业的特点：大部分县域工业主要是依托自然资源、利用有利的区位条件、引进外来资本、受周边城市圈或中心城市的辐射等，形成了以某一种或某几种产品为主，并依靠城市工业的支持和带动，有县域地方特色的结构特征。

县域工业内部自身的合理结构尚处在逐步形成的过程中。县域工业还具有与城市工业和农业紧密联系、相互促进的特点。县域工业中劳动密集型企业占多数，总体上处于社会生产系统里分工环节的底端，但它又具有强大的生命力，这主要表现在：一方面，广大的农村为县域工业提供了取之不竭且价格低廉的劳动力资源，使产品价格低廉，在价格上具有竞争优势；另一方面，县域工业多以非公有制经济为主，具有机制灵活、市场化程度高等优势，表现出强大的生命力。

杨荫凯、朱舜、闫恩虎、朱月芬对县域工业发展过程中的制约因素进行了探讨和研究，指出县域工业创新的制约因素：一是县域工业企业改革具有较大的难度。许多县域企业是计划经济时期建立的国有企业，具有产权结构模糊等问题，这就会造成非市场化企业决策权的残缺和经营目标的扭曲，县域工业经济发展缺乏稳定有效的市场制度保证。二是市场创新意识和能力不足。这导致县域工业经济在市场竞争中优势逐渐减弱。我国东部沿海发达地区的县域工业经济发展主要是依赖于先发优势，尤其是在进入市场时具有领先优势。但随着全国市场体系逐步完善，市场行为日趋规范，这种先发优势已逐渐减弱。三是县域工业中存在产业结构性矛盾。工业产品结构不能适应新时期买方市场的新形势和新需要，县域工业的布局比较分散、集聚程度不高，县域企业规模偏小、总体技术水平偏低，加工工业与基础工业发展关系不均衡，加工工业的"资源换市场"效益下降，县域工业内部和县域工业与城市工业外部结构趋同等。县乡财政困难和企业融资困难，使大部分县域在推进工业化过程中面临资本匮乏的问题。

　　朱舜、熊耀平对改革开放和县域工业发展的关系进行了研究。他们指出，改革开放后，县域工业得到较快发展，这与农业经济得到快速发展是分不开的，改革开放以后，县域农业经济体制改革获得成功，对城镇和乡村工业品的需求大大增加。这极大地提高了广大农民的劳动积极性，使农民变得富裕起来，大大推动了县域农业经济的发展。这些富裕起来的农民成为扩大城镇和乡村工业品需求的主要因素，使城市和乡镇工业品市场活跃起来。随着改革开放的深入发展，城市和农村市场的不断扩大和成熟，城市与农村市场逐渐融为一体，城市工业和乡镇工业的产品通过城市和农村市场销售，获得了扩大生产发展的资金。县域工业自身发展积累的资金、农民生产经营活动中积累的部分资金，再加上对外开放引进的外资使县域工业的发展获得了可靠的、丰富的资金来源。

　　周金堂、闫恩虎探讨了新型工业化道路与县域工业发展的相互影响。他们指出县域经济和县域工业选择走"新型工业化道路"，对政府提出了新的要求。宏观上说，中国特色社会主义市场经济和新型工业化道路是县域工业发展的标准和路径。政府的职能需要很大的转变，要由过去的强化管理向为企业提供贴心服务转变；建立科学完备的县域总体经济发展规划体系，用县域经济增量的发展实现新型工业化，大胆进行管理体制创新，消除一切不利于新型工业化发展的观念、体制和政策障碍，确立企业是发展县域经济和县域工业的重要主体的地位。由此，在发展县域工业过程中，按照走新型工业化道路的要求，政府的有效引导和服务是非常关键的一环。培育适宜县域工业企业成长的社会环境，逐步完善基础设施建设和实施税收优惠等政策，支持企业生产和发展。努力争取企业融资渠道通畅，提供资金支持，帮助县域工业通过银行融资，积极谋求扩大再生产。扩大宣传范围，加大宣传力度，积极扩大市场，为县域工业产品寻找出路。调整乡镇工业结构与城市工业实现合理、紧密、专业的分工协作，坚持城乡一体化战略、促进区域的经济和社会发展，使县域工业发展建立在农业产业化和农业现代化的牢固根基之上。充分发挥县域自然资源丰富、区位便捷、劳动力丰富等方面优势，以市场为导向，培植县域优势产业，发展特色地方经济，将资源优势转化为经济优势和竞争优势。有组织有重点地选择环境、资源、市场等条件适宜的城镇建立特色工业园区。以引进和转化为途径，积极招商引资，弥补县域资源、技术、资金的不足，为新型工业化发展开拓空间。

截止到发稿前，在相关研究和文献中，尚无具体衡量我国县域工业可持续发展权威的、统一的、被普遍接受的标准，研究基本上是在省域的层面，还没有能够反映县域工业发展内部结构与层次的指标（或指标体系）。已有的各行政区域工业发展或省域工业发展的研究，主要建立在对区域工业发展阶段判断的基础上，判断的标准主要依据西方经济学家提出的工业化标准，如杨海明对浙江工业发展进程的研究（《浙江：如何加速工业化进程——浙江工业化水平实证分析》，2003），尹继东等对中部六省工业发展的研究（《中部六省工业化水平比较与发展对策》，2003），黄燕等对珠三角工业可持续发展水平的研究（《工业化水平的测定：理论与实证研究——闽粤赣边与珠三角、长三角经济区工业水平的比较分析》，2002），武义青对河北工业发展进程的研究（《中国地区工业生产率实证分析》，2002），郭斌对安徽工业发展进程的研究（《安徽工业化水平与工业结构的分析》，2002），孙天琦对西部工业可持续发展的研究（《西部地区经济增长中的工业化问题研究》，2004），胡健生对江苏工业发展进程的研究（《对江苏工业化程度和所处阶段的判断》，1997）等。这些研究总的来说基本上沿用了西方结构主义学派所采用的经济发展、经济结构、人口结构等分析范式。以湖北省宜城市工业可持续发展为研究对象的文献，除了一些政府单位的统计数据资料，还没有系统的研究成果。

第三节　研究内容、研究方法、创新点和研究展望

一、研究内容

本书的研究思路是从地域的角度对县域工业这个概念进行定义，阐述它与诸多相关范畴之间的关系，揭示发展县域工业的意义。运用可持续发展理论、区域经济学、发展经济学、产业经济学、制度经济学、环境经济学、战略管理理论、现代数学的理论及分析，从系统论角度研究了县域工业可持续发展的内涵、意义和框架，建立了相应的评价指标模型，设计出评价县域工业可持续发展水平的指标体系，并采用层次分析法，使用该指标体系对宜城市工业可持续发展水平进行评价，运用前文的研究成果对宜城市工业可持续发展进行定量分析和实证研究，构建县域工业可持续发展环境竞争力评价模型，对宜城市工业可持续发展环境竞争力进行了实证和比较分析，设计出宜城市工业未来五年至十年的发展目标、战略、发展模式，以及工业产业结构调整、布局与规划，并提出了相应对策。

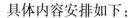

具体内容安排如下：

第一章绪论部分从工业经济发展进程的角度出发，讨论了研究县域工业可持续发展命题的背景、目的和意义；从理论的角度阐述了县域工业可持续发展的内涵和国内外研究现状，确定了本书的研究内容和研究方法，提出了本书的创新点，并对未来县域工业的发展提出了展望，明确了论文研究框架，为正文的进一步研究做准备。

第二章主要探讨了区域工业可持续发展的相关理论，包括生态学理论、经济学理论、霍夫曼工业化阶段理论、区域经济理论、集聚经济理论、循环经济理论、城乡一体化理论等。

第三章首先介绍了宜城市的自然、经济、工业概况，然后研究了县域工业可持续发展水平评价体系的构建。本书按照新型工业化的内在要求和县域工业化发展的内涵，设计出由县域经济发展能力、自然资源利用能力、人力资源效益能力、科技进步能力、环境容量能力等五个一级指标、十二个二级指标构成的评价县域工业可持续发展水平的指标体系。最后利用该模型对宜城市工业可持续发展进行具体评价与分析，指出宜城市工业可持续发展影响因素包括自然资源的约束，工业基础的限制，土地流转制度的效果制约，思想认识的制约，内部结构的不合理，产品市场状况的制约，企业发展资金的限制，人力资源的制约，企业负担问题和中心城市带动作用不足等。

第四章综合运用前面的研究成果，构建了宜城市县域工业可持续发展环境竞争力评价模型，并对宜城市工业可持续发展环境竞争力进行了实证研究和比较分析。阐述了宜城市工业的发展过程和现状，以及宜城市工业可持续发展面临的形势和优势条件，提出了宜城市工业可持续发展战略，包括工业强市战略；加快城镇建设，促进工业发展战略；信息化带动工业化、工业化促进信息化和自主创新战略；品牌支撑战略——打造"宜城制造"品牌；科学发展战略等。同时提出了宜城市工业可持续发展模式：工业经济发展的主导模式——"工业园区带动型"模式；产业集聚模式；"龙型工业"模式；遵循循环经济、可持续发展模式；资源开发和人力资本开发并举模式；区域集聚、产业集群、结构升级模式等。基于宜城市工业发展的实际情况，给出了具有现实可行性的实现路径：扬长避短，走全球化视野下的比较优势之路；走改造工业结构之路；顺应信息化要求，走信息化带动工业发展之路；深化体制改革，走市场化引导、城镇化推动之路；继续夯实基础产业，走基础设施直接辐射带动之路；走主导产业培育、引导之路。

第五章首先制订出未来五年至十年宜城市工业可持续发展的目标，包括未来五年至十年宜城市工业经济总量目标、工业结构优化目标、工业园区发展目标、工业技术创新目标、工业企业发展目标、工业可持续发展目标等。其次阐述了宜城市工业结构调整规划的基本思路和工业结构调整规划措施，指出宜城市工业产业规划改造的内容包括提升传统产业和发展高新技术产业。最后详细制订出宜城市工业空间布局的规划，包括规划思路和规划的内容。

第六章阐述宜城市工业可持续发展的对策，内容主要包括：一是以解放思想为先导，培育更加开放的思维方式和社会氛围；二是以招商引资和项目建设为中心，突破性发展工业经济，显著提升经济社会发展的综合实力；三是以抓特色为突破口，确立县域经济社会发展方向，明确县域经济社会发展定位。然后以优化发展环境为重点，营造更具有吸引力和竞争力的比较优势。宜城市工业可持续发展的制度与环境保障的内容包括：深化改革，培育市场主体；加大对外开放力度，拓宽经济发展空间；加快体制制度创新和政策创新；为加快经济发展创造保障性的制度环境和宽松的政策环境。

第七章是全书的总结和展望。笔者在广泛研究国内外学者的有关文献，汲取有价值的研究成果的基础上，对县域工业可持续发展理论进行认真学习、观察、思考和研究，力求做深做细并有所创新。

二、研究方法

由于我国县域工业具有一定的特殊性，加上我国县域工业可持续发展是一个实用性很强的研究课题，在研究过程中，不但需援引大量数据，包括具体县域的自然状况、经济发展指标和社会发展指标，利用经济模型对这些数据进行分析，而且要对大量的影响因素进行认真分析，从而得出有益的县域工业可持续发展模式。本书采用规范和实证分析法、均衡分析法，从县域工业发展文献和历史演进过程中概括出某些典型的理论特征。很多学者和专家通过对县域工业各个相关领域进行分析研究，得出了大量有价值的县域工业发展结论，运用演绎分析法可将这些结论应用于宜城市工业的实践领域。对县域工业可持续发展政策进行研究，涉及规范分析和定性分析。构建模型进行定量分析、博弈分析，使县域工业可持续发展研究具有更强的科学性。总结相关领域的研究文献，具体地探讨宜城市工业发展，可使县域工业可持续发展研究更具有实践性和针对性，且易于寻找创新点。

本研究综合区域经济学、发展经济学、技术经济学、产业经济学、制度经济学、环境经济学、管理学、管理经济学、数量经济学、计算机等学科的知识，试图从规范分析和实证分析的高度，对县域工业可持续发展问题进行探讨，具体采用了以下研究方法。

1. 定量分析方法

本书利用因子分析法对县域工业可持续发展水平评价系统的众多指标进行定量分析，并由此分析得出影响宜城市工业可持续发展的诸多重要因素。

2. 比较分析方法

本书在研究中注重采用比较分析的方法。比如无论引入相关理论还是考察宜城市工业发展实践以及人力资源、自然资源与环境、工业基础和结构、资本、城市圈、体制保障等几大因素，对宜城市工业可持续发展的影响，都采用比较研究的方法，从而为宜城市工业可持续发展战略、发展模式的构建奠定了良好的基础。

3. 分析、综合、抽象、归纳和演绎方法

分析与综合互为前提，互为补充，仅仅运用分析的方法从整体上较难把握一个区域的社会经济发展中的各种情况，找不到一个区域的经济发展中的差异。仅仅运用综合的方法则难以做到发现精确的微观问题，使研究工作过于粗糙。经过对各种经济现象进行科学研究和构建经济模型进行分析和计算，得出的结论才是科学的。在进行具体分析之前，要了解大量的有关文献资料中的理论和数据。把分析与综合方法相结合，由具体汇集于抽象，从抽象指引到具体。

在个别和特殊的事物中发现其真正本质，发现能够解释和说明个性差异和独特特征的一般性结论，这是归纳法的应用内容。演绎法是将出发点建立在贯穿一切的矛盾之上，从抽象、简单的一般原则发展到具体、复杂的特殊形式。将演绎法与归纳法结合，有助于发现县域工业发展中的新问题。

4. 层次分析法

本书按照新型工业化的内在要求和县域工业化发展的内涵，设计出以县域经济发展能力、自然资源利用能力、人力资源效益能力、科技进步能力、环境容量能力等五个一级指标为第一层面，以十二个二级指标为第二层面，以二十四个三级指标为第三层面的体系，应用层次分析的方法完成构建评价县域工业可持续发展水平的指标体系的工作。

5. 因素分析法

利用县域工业可持续发展水平评价模型对宜城市工业可持续发展进行具体评价与分析。运用因素分析法找出影响宜城市工业可持续发展的因素，包括自然资源的约束；工业基础的限制；土地流转制度的制约；思想认识的制约；内部结构的不合理；产品市场状况的制约；企业发展资金的限制；人力资源的制约；企业负担问题和中心城市带动作用不足等。

此外，本书还采用了抽象分析法等方法。

三、创新点

本书在总结以往研究成果的基础上，试图从以下几方面进行创新。

第一，突破传统从行政角度研究宜城市工业发展战略和规划，本书从县域工业角度进行探讨和研究，为研究宜城市工业可持续发展提供了新的视角。从以往来看，行政区域的研究方法是零散的、分裂的。随着宜城市乡村工业、乡镇企业等全面改制，它们的经营性质、体制等已经相同，都面对相同且没有行政意义割裂的国际大市场，于此环境下研究，本书还是初次。

第二，构建中国县域工业可持续发展水平评价模型。设计出该评价模型的指标体系，采用层次分析等方法，对该模型进行评价，并加以分析和总结。这一方法运用了多个领域的学科知识，其中包括制度经济学、区域经济学、产业经济学等，具有一定的实践指导意义。

第三，当前，县域工业可持续发展正面临着资源与环境的制约。如何在约束的条件下选择适合当地发展的工业模式，是当前迫切需要研究的课题，具有很强的现实意义。本书选择特定的地区——湖北省宜城市进行研究，对该地区的政策制订有一定的借鉴和指导意义。

第四，探索了中国县域可持续发展模型基本的框架。结合宜城市发展情况，构建工业可持续发展的环境竞争力评价模型，并对影响该模型的主要因素进行分析，提出了宜城市工业可持续发展的目标、发展模式及实现路径、对策建议等。

第五，在县域工业可持续发展能力建设方面，本书认为可持续发展能力建设的关键是知识投资。本书尝试引入一种新的机制——边干边学，因为这种可持续发展知识的积累和人力资本的形成并非只依赖于正规教育。在实践中不断解决问题并将所积累的经验加以运用，这也是县域工业可持续发展活动中获得知识的重要路径。

四、研究展望

实践证明，世界各个国家和地区的社会经济发展历程，就是工业化的不同阶段的可持续发展历程。衡量一个国家和地区工业化的水平高低，就是看以工业为主导的第二产业在国民生产总值构成中所占的比例；地区城镇人口数目是否超过农村人口数目；第二、第三产业就业的劳动力是不是全社会就业的主体。目前，世界上只有新西兰、澳大利亚和加拿大等几个少数国家是依赖发展农业及相关产业富裕的，在其他国家和地区，随着生产要素从第一产业转移到第二产业，又带动第三产业，社会得到迅速发展。大量研究也证实了各个国家和地区的工业增长与 GDP 增长之间存在着密切的关系。在世界多个国家和地区，通过使用时间序列数据和截面数据，充分检验了工业增长、生产率增长与 GDP 增长之间的三个基本规律。第一个规律是制造业产出的增长与 GDP 的增长之间存在一个强正相关关系；第二个规律是制造生产率的增长与制造业产出的增长之间存在一个强正相关关系；第三个规律是非制造业生产率的增长与制造业产出增长之间存在一个强正相关关系。这意味着，可能存在下述情况：某个国家或地区出口和产出的快速增长能够建立一个增长的良性循环，其他地区如果不做特别的努力和保护是很难打破的；当将来报酬递减，生产活动不能吸收剩余劳动力时，GDP 将受到拖累，增长就会慢下来；国内需求常常太小，不能获得规模经济，在国内生产销售不能提供外汇，以支付必要的进口品时，工业增长的速度一定会受到较大的影响。因为在经济发展的后期阶段，往往是出口需求在推动着经济发展。如果要迅速增长和发展，则要考虑是将一切让给市场力量,还是发挥政府作用。

为了使区域能均衡和谐共同发展,我国迫切需要对县域工业可持续发展做系统分析和研究。基于未来的县域工业可持续发展问题,主要包括以下内容。

第一,在不同的历史条件下,县域工业化的路子自然是不同的。资源禀赋不同,县域工业选择的产业方向也是不同的,面对着信息化和现代服务业迅速发展的时代背景,县域工业化发展的标志已不再是第二产业增加值在 GDP 总量中占比,而应是县域工业和现代服务业增加值在 GDP 总量中占较大优势,同时农业增加值在 GDP 总量中的比重,特别是农业初级产品的比重越来越小;工业的发展不应以环境恶化和生态破坏为代价,而应采用新技术特别是清洁生产技术,提高生产过程和产品的绿色化程度等。

第二,中国县域工业发展所受到的资源和环境约束越来越显著。人口和自然资源不是县域工业发展的绝对障碍,而且在许多方面县域的资源条件具有比城市要高得多的优势。依靠大量消费能源,推动县域工业经济的高速增长,会越来越接近资源和环境条件的约束边界。因此,工业经济增长和资源环境的平衡关系就显得非常重要。

第三,储量、投资、产能(包括运输能力)、价格(包括机制和承受力)是工业资源问题的四个基本层面,其中,不同资源产品的价格是由市场机制决定的,本质则是资源供求问题。对于目前和将来所面临的工业资源短缺性危机,一是市场价格机制选择问题,二是产量规模边界和投资组合问题,三是自然资源储量承载经济活动能力水平问题。

　　第四，对于县域工业可持续发展和环境保护两者之间的利益权衡，应当是理想主义和现实主义的结合。区域工业化发展实质上就是一个市场竞争过程，推崇效率至上，是综合竞争力决定着生存、发展和环境质量的可行标准。

第二章 县域工业可持续发展相关基础理论

第一节 工业可持续发展的基本理论

生态经济学的理论构建了工业可持续发展的理论基础。生态经济学又是以热力学理论、生态学、环境经济学为基础的,它们之间存在相互交叉、相互影响的关系。工业可持续发展以生态经济学为基础,形成了清洁生产、生态工业和循环经济工业可持续发展的新模式。

1. 生态学理论

生态学以生物与环境间的相互作用为研究对象,传统的生态学主要研究个体、种群和群落间的相互关系及演进的规律。对于生态经济学与可持续发展有重要影响的理论有以下几个。

(1) 生态系统理论。生态系统是指在一定时间和空间范围内,生物与生物之间、生物与非生物之间相互作用并具有一定结构和功能的综合有机整体。

(2) 能量流动与物质循环理论。能量是所有生命运动的基本动力,生态系统作为以生命系统为主要部分的特殊系统,总是进行着能量的输入、传递、转化，形成了"环境—生产者—消费者—分解者"的生态系统和各个系统之间的能量流动链，维系着整个生态系统运转。维持生态系统运行的能量来自太阳辐射的能量。植物通过光合作用获取能量，把无机物转化为有机物，同时把太阳能转化为化学能，储藏在体内。随着植物被动物逐级消费，能量也就随着物质的流动而流动。最后通过微生物的分解作用，复杂的有机物分解为无机物，同时以热能的形式释放出能量。能量从摄取开始，到最后释放，这一过程是按照一定的方向流动的。所以，一个生态系统必须不断地获取能量，否则系统运行就会终止。

生态系统能量流动的渠道通过食物链构成，不同生物之间通过取食关系形成的链式联系是食物链。生态系统的能量流动符合热力学第一定律，这个理论对于人类工业经济系统具有非常重要的意义。人类在工业经济活动过程中主要的能量来源是经过复杂的地质变迁而形成的化石能源，对于人类历史来说其是不可再生的能源。因此能源的短缺成为制约工业发展的瓶颈，提高能源的利用效率是工业面临的最大挑战，人们普遍认为提高能源的利用效率的有效途径有两个：一是通过技术进步提高工业系统能源利用效率；二是适当延长产业链，把能量转化的链条延长。

（3）生态系统的种群关系。不同物种以不同的相互作用的关系共处于生态系统。根据种群之间的相关关系分为正相关关系和负相关关系。正相关关系包括互利共生、偏利共生和原始协作三种。负相关关系包括竞争、捕食、寄生、化感四种。

互利共生是指两个物种长期共处一个环境，彼此相互依赖、相互依存，并能直接进行物质交换的一种相互关系。比如在工业生产中，火力发电厂为工业提供了动力，火电厂产生的粉煤灰为建材厂提供了原料。互利共生是指种群之间的关系是相互有利的。偏利共生是指种群在相互生存过程中，对一方有利，而对另一方无关紧要。人类工业生产过程中产生的无用的废料可以作为一些企业的原料，就是一种偏利共生关系。原始协作是种群之间的相互作用，但协作是松散的，分离后双方仍能独立生存。在人类工业生产体系中，各种原材料的相互依赖和替代反映了这种原始协作的关系。竞争、捕食与寄生是指种群之间相互竞争资源，相互捕杀，对双方都有抑制作用。寄生是指一种生物寄生在另一种生物上，不仅影响了宿主生物的生长，而且可能最终杀死宿主生物。化感是一种生物在生长过程中排泄或散发出一种有害物质对其周围生物造成伤害或抑制。负相关关系在生态系统中有利有弊，在人类工业体系中，则要充分分析工业体系之间的关系，利用共生关系相互补充，相互促进发展，减轻对环境的影响。

（4）生态系统的平衡与调节。生态系统的平衡是指生物群落演进到顶级所形成的生物群落。我国生态学家马世骏认为，生态平衡是指在一定时间和相对稳定的调节下，生态系统各部分的结构与功能处于动态平衡之中。在自然条件下，只要给予足够的时间，外部环境又保持相对稳定，生态系统可以按照一定的规律向着种类多样化、结构复杂化、功能完善化方向发展，直至达到最稳定状态。当生态系统达到一定成熟阶段后，经过自然选择和适应，彼此间关系比较协调，并与非生物环境共同形成结构完整、功能完善的整体。外来生物侵入比较困难，生态系统中某个种群受到损害，系统可以通过复杂的物质循环和能量流动途径进行自动调节和恢复。

生态系统的调节是指由生态系统自动反馈机制作用所形成的抵抗力和恢复力。反馈调节包括正反馈和负反馈。正反馈可以使系统远离平衡，负反馈可以使系统通过自身抵抗减缓系统内在的压力，维持系统的稳定。抵抗力是生态系统抵抗外来干扰并维持系统原状的能力。一个稳定的生态系统必须满足以下几点：第一，维持生态系统的多样性和物种的多样性；第二，维持生命元素循环和闭合；第三，维持生态系统的结构完整性；第四，维持生态系统生物与非生物环境的平衡。

2. 经济学理论

（1）微观经济学的基本理论。微观经济学是以单个微观主体的经济行为作为考察对象，研究在既定的条件约束下，如何实现效用和利益最大化。主要包括两类问题。第一类问题是通过消费者对产品（服务）的需求与厂商对产品（服务）的供给的均衡关系，研究最优的产品价格、产量的确定。第二类问题是通过研究生产要素的所有者与生产要素的需求者之间的均衡关系，研究生产要素的价格与供给量之间的关系（工资、利息与地租）。而上述两类问题的理论分析，主要涉及的是一个社会既定的资源被用来生产哪些产品以及用什么生产方式的问题。传统微观经济学所采用的均衡价格理论、边际理论、生产函数理论等仍然是生态经济学的基本分析方法。

（2）环境与资源经济学理论。传统经济学的基本假设前提是一切资源具有稀缺性，这里所说的资源仅仅是指劳动力和资本，而把环境与自然资源当作非稀缺性资源。但是人类社会生产方式发展至今面临两大问题：一是自然资源的枯竭，特别是化石能源面临枯竭，在新的能源还不能替代常规能源的条件下，人类面临着如何改变自己现有的生产方式，摆脱对化石能源依赖的问题。二是人类无限制地向环境排放废弃物，这已经造成全球性的环境危机问题。人类必须改变"以人为中心"的环境伦理观，寻找环境友好型的生产和生活方式。环境与资源经济学突破了传统经济学的假设，把自然资源的价值以及环境提供的服务能力也作为稀缺资源一起考虑。因此，环境与资源经济学提出了一套新的经济分析模式。

第一，环境经济系统。在环境经济系统中，有四个重要的生产要素：人口、资本、资源、技术。

人口是生产力中重要的生产要素之一，体现了生产关系和社会关系。作为生产者，人类能够开发环境系统，利用环境资源，并且能够通过技术进步和对资源的合理开发与利用，提供尽可能多的产品。作为消费者，人类将资源转化为产品和服务，最终用来满足自身发展的需求。人是环境经济系统的主体，能够通过自主地调节经济子系统和环境子系统的关系，实现人类经济、社会与环境的协调发展。

资本包括物质资本和货币资本。物质资本是环境经济系统形成与发展的重要条件，而货币资本作为流通手段，参与了环境经济系统的循环运动。

资源是环境经济系统中不可或缺的生产要素，资源包括非环境资源与环境资源。

技术是人类开发、利用自然的手段。在环境与经济系统中，技术的作用越来越重要。正确的技术方案和技术措施会增强微观主体利用资源的效率，减轻环境压力，不当的技术手段则会造成自然资源的浪费、破坏和环境污染，引起环境经济系统的退化和产出的降低。人类必须开发有利于资源节约和环境友好的技术体系。

第二，外部性成本理论。环境经济学认为，传统的经济学以市场为基础，厂商的经济行为是基于边际成本等于边际收入来确定最优生产量和价格。但是边际成本中并未包含微观主体的经济行为的社会成本，如环境污染就是社会成本或外部成本。环境经济学认为外部成本的存在是市场失灵造成的，认为应将厂商的外部成本内部化，外部成本的计算依据就是庇古的污染费理论[①]。随着环境经济学的发展，外部性研究已成为环境经济学重要的分析理论。

第三，公共物品。所谓公共物品就是指只具有非竞争性、排他性的商品。与私人物品相比，公共物品具有两个明显的特征：一是消费的非排他性，私人物品具有排他性。所谓非排他性是指一个人消费并不影响其他人消费。环境就是公共物品，不需要花费代价就能得到。不管个人是否付费，都不能从公共物品的消费中把他排除。如一户居民享受一块公共绿地的同时，并不妨碍其他人享受这块绿地，产生愉悦。二是供给的不可分割性。公共物品实际上是为所有消费者生产的，生产者无法把公共物品分割成不同部分供给不同的消费者。因此，公共物品必须由政府来提供。

第四，费用效益分析法。费用效益分析法是环境经济学的一个重要内容。从20世纪80年代开始，这种方法就被用来评价环境政策和法律。费用效益分析法是以福利经济学的基本理论为基础的。其基本思想是人从商品和劳务的消费中获得效用，效用的大小可以用人们消费商品和劳务愿意支付的价格来度量。用这一理论评价环境政策时表现为环境改善程度的高低，即环境效益取决于居民对改善环境所愿意

---

① 也称庇古税，根据污染所造成的危害程度对排污者征税，用税收来弥补排污者生产的私人成本和社会成本之间的差距，使两者相等，由英国经济学家庇古最先提出。

支付的价格。费用效益分析法把环境效益、经济效益和社会效益融为一体。但是费用效益分析法也有不足之处，如果一个社区中多数人愿意花费更大的代价获得适当的环境效益，这一社区的房屋价格必然就高于其他地区。那么少数可能不能支付高价格的房屋费用的人，要么缩小房屋面积，要么搬到另一个社区。低收入人群对于房屋的大小、费用的偏好远大于环境的效益。这是在美国、欧洲等地居民社区被分成富人区和穷人区，产生新的社会问题的重要原因。

3. 热力学定律与耗散结构理论

一个开放的系统与其环境有着物质与能量交换，而封闭的系统与其环境存在着能量交换，但没有物质交换；一个孤立的系统与其环境既没有物质的交换，也没有能量的交换。按照生态学和系统论的观点，人类的经济系统是一个开放的远离平衡态的热力系统。这个系统与环境存在着物质、能量和信息的交换。

（1）热力学第一定律。热能可以从一个物体传递给另一个物体，也可以与机械能或其他能量相互转换，在传递和转换过程中，能量的总值不变。

生态系统是一个热力系统，遵循热力学第一定律。在生态系统中，植物通过光合作用吸收太阳能，将一部分转化为生物能储存在植物躯体中，另一部分则吸收、消耗，这同样遵循热力第一定律，能量既没有增加，也没有减少。

（2）热力学第二定律。热力学第二定律是对能量转化效率的一个概括，开尔文表述为：不可能制成一种循环动作的热机，以单一热源取热，使之完全变为功而不引起其他变化。从一种能量形式转化为另一种能量形式时，所有转化率都低于100%。也就是说并非所有储存的能量（如化石能源）都能转化为功，其中一部分以废热的形式散发到环境中。

（3）熵与耗散结构。熵是从热力学第二定律抽象出的一个概念，熵是对一个系统无序程度进行度量的热力学函数。其含义是零度无分子运动的最大有序状态向含热状态变化过程中每一温度下的热量变化，即熵变化就是热量变化与绝对温度之比。熵值越高，说明系统未被利用的能量转化为废热就越高。

根据熵定律，普利高津提出了耗散结构理论。所谓耗散结构是指系统在远离平衡的非平衡状态下可能持续的稳定结构。要保持系统总是处于耗散结构，即有序状态，就要求不断与环境进行物质、能量的交换，维持系统从混乱无序的状态向有序的稳定状态转化。

人类工业经济系统是一种开放的热力系统。人类工业系统不断从环境中取得负熵物质（矿产资源、化石能源、货币资金、技术等），通过工业过程，将一部分能量转化为工业产品和服务，其余部分能量除维持系统本身的消耗，剩余能量就转化为高熵物质排放到环境中（废水、废渣、废气等）。要保持人类工业系统处于持续有序的耗散结构，就要不断从环境中吸取负熵物质。当前，人类工业发展与地球环境系统的关系面临两个严峻问题：一是地球环境中的处于负熵物质的能源面临枯竭；二是人类工业发展向地球环境中排放的大量的高熵物质（污染）导致地球环境系统的无序程度越来越高。这两个问题使地球环境系统越来越难以支撑人类工业的发展。人类必须改变现有的工业增长方式，通过寻找可替代化石能源的替代能源，把这些高熵物质（污染）转变为低熵物质（工业代谢或循环利用）。

第二节　工业化阶段理论

1. 霍夫曼的理论

工业化阶段理论的创始人是霍夫曼。他开辟了工业化理论专门研究的领域。霍夫曼对基于一个国家和地区的工业化历史演变和发展历程做了深入研究。他总结说，一般来说，一个国家或地区工业化过程可以分为四个阶段。第一阶段的特征是，地区消费品部门净产值与资本品部门净产值两者之间的比值为 5（±1）:1；第二阶段的特征是，地区消费品部门净产值与资本品部门净产值两者之间的比值为 2.5（±1）:1；第三阶段的特征是，地区消费品部门净产值与资本品部门净产值两者之间的比值为 1（±0.5）:1；第四阶段的特征是，地区消费品部门净产值与资本品部门净产值两者之间的比值小于 1。上述数据说明，在工业化的第一阶段，消费品工业净产值平均为资本品工业净产值的 5 倍，在整个工业中占有很高的比例，即在整个工业中居于压倒优势地位。在工业化的第二阶段，消费品工业的主导地位被削弱，资本品工业逐渐发展起来，但消费品工业仍约 2.5 倍于资本品工业。在工业化的第三阶段，消费品工业净产值与资本品工业净产值大致相当，在整个经济中平分秋色。到工业化的第四阶段，消费品工业已经不及资本品工业。随着工业化的推进，消费品工业与资本品工业的净产值之比是逐步下降的。这个比值越大，说明工业化水平越低；这个比值越小，说明工业化水平越高，因而可以根据霍夫曼系数来判断一个国家或地区的工业化程度。

霍夫曼分析工业化时通过测算工业内部结构比例关系的变化，进行观察与探讨。他提出了工业化的一般模式问题，解释工业化的发展规律，需要指出的是，霍夫曼富有创见地从工业内部结构的视角研究了上述问题。实践表明，在工业化过程中，任何国家或区域都符合霍夫曼定理的质的规定性，即当一个国家实现了从农业向工业的转移之后，工业化的内容转变为工业部门结构从消费品工业向制造业的转移，在现代更表现为向高技术产业的转移。该理论至今在国际上仍有广泛的影响。不过张培刚[①]先生认为，霍夫曼定理仅适用于演进型的工业化过程，至于比较激进的或革命性的类型，其发展的次序并不一定相同，而且可以依政府的计划表现得完全不一致。

2. 钱纳里的理论

经济学家钱纳里[②]认为，从历史上看，工业化一直是经济发展的核心内容，而经济得以发展说明经济结构的成功转变促成了这种结果。工业化的起源和根源十分广泛。因此，研究工业化的主线是深入考察经济结构变动与经济增长的相互关系、分析结构转变的基本特征和影响经济增长各种因素。钱纳里的理论内容主要包括以下几点。

（1）工业化及经济结构转变的影响因素。钱纳里等人认为，工业化是经济结构转变的重要阶段，是以各种不同的要素供给组合去满足类似的各种需求增长格局的一种途径。因此，他们强调对结构变动过程中的各种制约因素展开分析，这些因素包括：收入水平、资源禀赋、

---

① 中国经济学家，发展经济学奠基人之一。研究发展经济学、西方经济学、农业经济学、工商管理学，对发展经济学的开创和发展做出了卓越的贡献，对现代经济学在中国的引介和传播发挥了极其重要的先导作用。

② 哈佛大学教授，著名经济学家，世界银行经济顾问。钱纳里等人提出的"发展形式"理论，将研究领域延伸到低收入的发展中国家，认为投资和储蓄只是经济发展的必要条件，而不是充分条件。

人口规模、政府政策及发展目标、国际资本、国际先进技术和国际贸易环境等。其中，总需求的水平和要素供给的结构是两类十分重要的因素。对于较封闭的大国经济，国内需求增长是工业发展的主要推动力，并且，在工业化的不同阶段，影响工业化的各种因素的相对重要性有所不同。

（2）经济增长与经济结构转变之间的互动关系。随着经济的增长，经济结构必然会发生变化；而经济结构的转变，特别是非均衡条件下的结构转变，能够加速经济增长。因此，二者之间存在着密切的互动关系。除了这种一般的相互关系，钱纳里等人着重比较发展中国家与发达国家在这方面的差异，特别强调以下几点：一是结构转变影响经济增长的重要性随发展水平而变动；二是发展中国家的经济增长与发达国家相比具有实质性的区别，根本原因在于两者的结构关系不同；三是结构转变对于经济增长的潜力和意义，对于发展中国家比对于发达国家更为重要；四是一些新兴工业国家非均衡条件下发生的结构转变以及对发达国家先进技术的利用，是它们经济增长加速的两个主要原因。

（3）比较分析不同的工业化形式。在对结构转变和影响结构转换的各种因素深入而全面分析的基础上，揭示经济发展的标准形式和各国经济发展的不同特点，综合概括出不同的工业化形式。他们认为，与工业化的初始条件相联系的贸易战略和政策的区别，是各国或地区经济结构转变和工业化所处阶段不同的主要原因。因此，根据发展战略，特别是贸易战略和政策的区别，可以将发展中国家、新兴工业国家或地区的工业化过程大致分为外向型、中间型和内向型三种。其中，内向型和外向型之间具有有机联系，在实施外向型战略之前，需要一

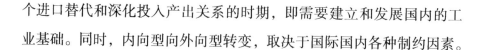

个进口替代和深化投入产出关系的时期，即需要建立和发展国内的工业基础。同时，内向型向外向型转变，取决于国际国内各种制约因素。

第三节　区域经济理论

1. 区域经济发展梯度转移理论

区域经济发展梯度转移理论典型代表是非均衡增长理论。区域经济发展梯度理论的基础是产品生产周期理论，以梯度来表现经济发展水平的区域差异，以区域经济发展不平衡在空间角度表现产品的生命周期。区域间在客观上形成一种技术性梯度，因而必然也有空间意义上的转移。低梯度区域和高梯度区域构成整体意义的区域。低梯度区域的专业化导向部门由成熟阶段后期或衰老阶段的衰退部门所构成，高梯度区域的专业化导向部门主要由处在创新阶段的新兴部门所组成。区域经济发展在空间上推移，首先是高梯度区域以先进技术的运用走在前面，高梯度区域产生新的生产技术、新的经营管理机制、新的产业部门、新的企业产品等，然后随着时间的推移，新的生产技术、新的经营管理机制、新的产业部门、新的企业产品等开始逐步从高梯度区域向处于二级梯度、三级梯度的低梯度区域推进。随着社会经济水平的快速发展，这些充满活力的经济活动加快速度推进到低梯度区域，区域间的差距就能够逐步缩小，最终实现整体经济分布的相对均衡。

2. 增长极理论

法国经济学家佩鲁提出增长极理论，瑞典经济学家缪尔达尔、法国经济学家布代维尔、美国经济学家弗里德曼建立、丰富和发展了增长极理论。增长极理论主要内容是经济增长通常是由一个或数个"增长中心"逐渐向其他部门或区域传导。先按照一定的条件，选择具体特定的地理空间作为经济发展增长极，优先发展具体特定地区的目的是通过对生产要素的合理配置及集中使用，产生集聚经济效益。集聚与集中能够带来生产要素的有效利用，使资源配置得更加合理。理论上一个国家实现平衡发展是一个受到追求的理想化目标，这在现实生活中是不可能达到的，采取特定地区作为经济增长极向其他地区辐射，从而达到区域经济整体发展，是一个次优的办法。增长极能够产生集聚经济效益，主要的表现如下。

（1）规模经济。规模经济是由于经济生产活动在空间上、数量上、质量上等的扩展增大，获得内部的资源节约和更高的有效利用率。如提高分工程度，增强专业化生产并降低经营管理成本，摊薄单个产品广告费和非生产性支出的份额，使边际成本得以降低，从而获得经济效益的提高。

（2）外部经济。增长极形成的重要原因和结果是外部经济效果。经济活动在区域内的集聚往往可以使厂商在获得某些产品或劳务时更加经济，降低了成本，获得整体收益的增加，如熟练劳动力的生产活动，能源消耗、运输分摊等成本的节约，信息系统的快捷，获得服务、医疗、教育的便利等。这些收益既是上期集聚经济的结果，又是下期集聚经济的吸引力来源。

（3）区位经济。商业活动集聚于某一个具体特定区域，消费者就能够减少为获取信息而支付的费用，有利于增大对周围消费者的吸引。多个生产部门集聚于某一具体特定领域，可以共同培养与利用当地熟练劳动力，加强企业之间的技术交流，共同承担新产品开发的成本，共同分享资源，形成较大的原材料等外购物资的市场需求和生产产品的市场供给，促使经济活动更加活跃。区位经济的实质是经济单位通过地理位置的靠近而获得综合经济效益。

3. 生产力布局理论

生产力布局理论认为，任何生产总要落脚于特定的空间，因此生产分布是生产存在和发展的空间形式，有生产就有生产的分布和再分布。生产力分布状况如何，对生产有着重大的影响，一是影响生产的发展速度和社会经济效益；二是影响区域的产业结构、优势发挥以及区际协作；三是影响生产要素本身的发展，包括自然资源的保护和再生资源的再生能力，生态评价以及人本身的发展。该理论认为，在不同的社会发展阶段，再生产的形式多种多样，但它总是沿着某种合乎逻辑的有规则的方式发生变化和演进。因此生产力布局学的任务，就是从错综复杂、千变万化的生产分布过程中，揭示生产力分布发展变化的规律性，并以此来研究生产的再分布或生产布局问题，而其研究的中心和主题是如下相互联系的三个方面：第一，在特定时间下，国民生产总投资的地区分配以及重大建设项目分布地区、地点的选择；第二，再生产的各个环节、各生产部门、各生产要素、空间组合的安排，包括各地区的投资结构的确定；第三，各经济区域之间、各经济中心之间、城乡之间、城市和地区之间的分工协作及其发展比例关系的确定。

4. "缪尔达尔－赫希曼模式"和倒"U"字形理论

美国著名经济学家赫希曼认为经济进步并不同时在每处出现，而一旦出现，巨大动力将使经济增长围绕最初的出发点集中；任何一个具有较高的收入水平的经济体都是由一个或几个区域实力中心首先发展起来的；在经济区要选择战略产业和地区进行重点投资，以带动其他产业和地区的发展。在对赫希曼的不平衡发展战略思想进行更深层的分析和探索的基础上，瑞典著名经济学家、诺贝尔奖获得者缪尔达尔认为，人均收入、工资和利润水平等要素收益的区域差异会吸引另一些要素如资本、劳动、技术、资源等，从落后地区向发达地区流动，产生了著名的"回波效应"，从而使发达地区越来越发达，落后地区越来越落后；而发达地区发展到一定程度后因人口过多、交通拥挤、环境污染、资源短缺等原因成本上升，竞争加剧，外部经济效益下降等，导致资本、劳动、技术等要素向落后地区流动，即产生"扩散效应"，从而促进和带动落后地区的发展。由此他提出要优先发展具有较大增长势头的地区，以求得较好的投资效率和较快的增长速度，进而再通过这些地区的发展以及"扩散效应"来带动其他地区的经济发展。他们的理论合称为"缪尔达尔－赫希曼模式"。

美国经济学家威廉姆斯认为，在一国经济的开发初期，其内部的差距不大，随着市场经济的发展，这种差距"令人讨厌而不可避免地"必将扩大，这是区域经济非均衡增长中的一个必经阶段。但是，当经济发展到较高水平时，这种差距会逐渐缩小，这就使区域经济增长呈现倒"U"字形的变动趋向。具体来说，若以 GNP（国民生产总值）总量变化代表一国经济的增长，以人均 GNP 的区际差异或 GNP总量在空间上的集中程度衡量经济的均衡度，上述观点可表示为图 2－1。在初级阶段即经济发展初期，经济发展客观上要求必须以非均衡的扩大为代价。但是当经济发展水平到达转折点 B 以后，进一步的发展则必须以区域差距的缩小为前提条件。由此可见，非均衡倒"U"

字形理论的特征在于均衡与增长之间的替代关系依时间的推移而呈非线性变化。

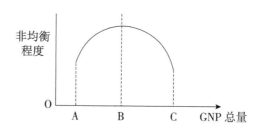

图 2-1　威廉姆斯的倒"U"字形理论

5. 区域经济理论发展的新特点

经济全球化是使区域经济单位之间产生越来越强的相互联系及相互依赖，且使区域经济单位的经济活动一体化，及经济单位的经济活动在地理范围上不断扩大，与国际联系不断加深的过程。全球化的主要表现是贸易扩张、资本流动（尤其是直接投资）、新技术浪潮和区域一体化。在经济全球化的背景下，区域经济学不断吸收主流经济学的新理论和研究方法，区域经济学的未来发展出现了新特点和新趋势。

（1）进一步转向"问题区域"的研究。在经济全球化背景下，区域经济发展问题日益复杂化，既有落后的问题、萧条的问题，也有过热的问题、膨胀的问题，这些区域经济问题如同病症一样，使区域经济发展的健康状态受到影响。由于区域经济问题的出现，所谓"问题区域"或者"问题地区"就产生了。学者张可云将问题地区界定为：中央政府区域经济管理机构依据一定的规则和程序确定的受援对象，是患有一种或者多种区域病，而且若无中央政府援助则难以依靠自身力量医治这些病症的区域。同时其将问题区域划分为受援地区、困难地区、危机地区、落后地区、欠发达地区、缺乏优势地区、萧条地区、膨胀地区、拥挤地区和边远地区等。问题区域是一国区域经济发展中的难点，一国区域经济发展是否稳定和繁荣，在一定程度上取决于"问题区域"是否得到解决。

（2）区域竞争优势和区域创新随着科学技术的不断应用得以不断增强，产业中科学技术的含量不断增加，科技含量高的新兴产业在国民经济中所占的比重逐步上升，科技含量高的新兴产业在一定区域集聚，形成了带动整个地区经济发展的创新空间。这些创新空间不仅可以促进新产品的研发，而且会将创新过程和新的技术等扩散到周围地区，形成扩散效应，促进区域经济的发展。在这种现实背景下，区域创新成为区域经济学研究的一个新的关注点。区域创新研究的主要内容包括：区域创新环境的优化、区域创新主体的培育、区域创新能力的形成、区域创新系统的构建等。同时区域竞争优势的研究成为区域经济学研究的一个新的方面。区域的比较优势是传统的区域经济学研究中的主要内容，比较优势理论认为，本地区应该集中生产相对于其他地区具有比较优势的产品，并向其他地区输出自己的产品，同时从其他地区输入自身不具有优势的产品，这样每个地区都能从生产分工中获得比较利益。传统区域经济学重视研究区域经济发展中的资源禀赋因素，区域经济发展的基本出发点是依据区域资源禀赋因地制宜和发展特色产业经济，适时适当发展与资源禀赋不相关的产业。但是在现代经济发展状态下，科学技术的高度发展、科学技术在其他产业中的大量应用，以及市场化进程的不断深入，区域经济发展更加强调产业的综合竞争优势，具有比较优势不一定具有综合竞争优势，区域经济的发展更加强调技术的创新、人力资源的开发、区域创新环境的优化、产业集群等区域竞争优势条件的培育。

（3）从未来区域经济学研究的内容判断，研究内容综合化和多样化将是一个总的、鲜明的趋势。由于区域经济问题的内容呈现出复杂化和多样化，如园区经济的发展、区域市场竞争力、城市化的发展模式、企业选址的定位、家庭区位的选择、人口的区域分布、住宅的区位确定、人口和资源的区域流动等都成为区域经济学研究的主要问题。这样，区域经济学研究内容在以空间资源配置为核心的同时，不断吸收与借鉴主流经济学的思想与方法，综合运用经济学、社会学、金融学、政治学、管理学等学科的理论来解释、解决相关的区域经济问题。区域经济学研究内容的综合化和多样化主要表现在：一是区域经济学的研究与其他学科的相互融合与渗透，包括区域经济学研究与企业管理学、公共管理学、政治学、法学的相互结合，在多学科相互结合的视野中加强对区域经济问题的研究；二是区域经济学与自然科学的相互渗透与融合，包括区域经济学与地理学、地质学等自然科学理论的相互结合。

第四节　集聚经济理论

1. 集聚经济理论

德国地理学家阿尔弗雷德·韦伯在1909年出版的经典著作《工业区位论》中，首次提出了集聚经济理论，并就集聚经济的定义、内涵等做了系统阐述。韦伯认为，把企业生产按照某种规模进行聚集，在同一集聚地点进行组织生产加工产品，能给企业的生产和销售带来额外利益或形成经济节约的结果。韦伯的集聚经济理论强调工业企业在空间上的集聚规模化，依靠规模收益递增，获得更高的经济收益。学者俄林专门就企业"集中经济"和"集中不经济"之间的效果进行比较，提出的观点比韦伯的论述更加明确，但他只是在研究工业布局时讨论了集中经济问题，没有把集聚经济作为一个独立的理论进行研究。第二次世界大战之后，经济学家开始从宏观层面研究工业区位的理论和实践问题。赫希曼提出了非均衡发展理论、威廉姆斯提出了倒"U"字形理论，佩鲁德提出了"增长极"理论，这些专家与学者把区位问题提升到经济增长理论与资本积累理论的高度来看待，超出了生产要素成本和相对价格的范围。这些研究成果对集聚经济的理论和应用具有重大突破和发展意义。学者马歇尔认为，企业之间的信息共享、基数外溢、社会经济的劳动市场共享等能够得到专业化的投入和服务，所有这些因素造成了产业地方化。克鲁格曼在以斯蒂格利茨、迪克希特提出的垄断竞争一般均衡分析框架为基础，开创性地借鉴新增长理论和新贸易理论，利用萨缪尔逊的"冰冻"形运输成本理论，采用历史进程演进及计算机模拟技术，把空间概念引入一般均衡分析框架中，提出了著名的"中心和外围"模型，使地理空间的经济问题成为主流经济学的研究范围，再经过藤田、维纳布尔斯等学者的共同努力，终于建立了一个全新的空间经济学研究框架和新的经济研究领域。不同层次地理空间上的集聚力的来源和经济集聚现象成为空间经济学研究框架创立初期的研究重点之一。它专注于在不完全竞争的条件下，从集聚力的内部演化讨论分析产生空间集聚的原因，回避了传统的基于完全竞争理论的自然禀赋的外生因素决定空间集聚的分析模式。在 1996 年，学者瓦尔茨研究了地方集聚经济和区域经济生产率持续增长两者之间的影响。1999 年，格斯贝茨和施姆茨勒构建经济计量模型，模型探讨了产业外溢效应和区域创新活动下的产业分布两者对区域产业聚集的影响。在 1999 年，学者马丁对集聚经济条件下的区位竞争问题进行了观察和研究。

国内学者在国外已有研究成果的基础上，结合中国区域经济发展的特点和实际经验，对集聚经济理论进行了扩充性的、延伸性的发展。北京大学首都发展研究院的杨开忠、孟庆民认为：经济集聚的本质是规模经济、外部经济和范围经济叠加的过程，规模经济产生集聚产业集中点，范围经济又产生集聚产业区，规模经济、范围经济和外部经济共同叠加产生经济集聚核心区。冯云廷博士指出，集聚经济是通过范围经济、规模经济来提高企业生产销售等经济活动效率，降低产品和企业成本的系统力量。他认为，集聚经济是分层次的，第一层属于企业内部经济，第二层属于企业外部、行业内部经济，第三层属于地方化经济或城市化经济。

2. 工业区位论

德国地理学家阿尔弗雷德·韦伯于 1909 年发表了《工业区位论》，韦伯是工业区位理论中工业布局学和最低成本学派的创始人和开拓者。他认为工业企业布点的理想区位的确定，是使用数学计算方法实现的，即分析运输、劳动力和其他因素之间相互作用，找出企业产品生产成本最低的地域，那个地域就是工业企业布点的理想地点。上述运输、劳动力和其他因素被称为"韦伯三因素"。

（1）决定单个工业企业定点的主要因素。

第一，运输因素。企业生产成本的主要构成因素中运输费用占据重要位置。工业企业的最优区位一般选在运费最低的地理位置上，也就是尽量靠近企业所需的生产原料产地、生产活动所需燃料的供应地和企业产品市场，在假定具备一系列条件的基础上，韦伯建立区位三角形模式解释企业的选位。由于韦伯的区位三角形模式需要假定具备一系列的条件，其假设条件"平原呈均质状态、运费率不变、影响运价的单一因素是货物重量、两点之间具有标准直通线路"在现实生活中不可能同时具备，韦伯区位三角形在实践中很难发挥应用作用，是一个超现实的理想化模型。艾萨尔德、胡佛等学者对韦伯区位三角形模式进行了修改和完善，主要是工业企业的布局点除了考虑原料产地、燃料供应地和销售市场三个因素外，纳入公路枢纽、港口、铁路、码头等因素，借助发达的交通线使丰富的原料产地、燃料提供、销售市场紧密联系起来。这样的补充和改善，使韦伯区位三角形理论在实际应用中的作用大大提高。

第二，劳动力因素。在劳动密集型工业部门中，劳动费用是主要的生产成本之一。工业企业布局时，就要考虑劳动力的质量、价格两个量。判断企业布局和劳动力指向的关系公式为：

$$劳动费指数 = \frac{劳动费（马克）}{制成品重量（吨）}$$

韦伯在他的论文中指出，劳动费指数高，说明企业布局的劳动力指向明显，劳动费指数低，说明企业布局的劳动力指向模糊。由于现代产业中的生产劳动已经由简单劳动和复杂劳动共同构成，企业布局的劳动力指向也日趋多样化。简单的劳动密集型工业企业，工业增加值中生产工人工资所占比重很高，生产技术易于掌握，企业在布局上应指向贫困地区或经济不发达地区，这些地区往往拥有大量廉价劳动力。这类产业如毛绒玩具制造业、简单工业品生产业、棉纺织业、制鞋业等。技术密集型工业企业，如电子信息业、光学仪器制造业、通信设备生产业等，其工业增加值中非生产工人（如科技人员）工资所占比重较大，生产技术较为复杂，在布局上应指向发达地区、教育程度高的地区，这些地区往往拥有高质量专业技术劳动力。

第三，其他因素。有些行业对动力、原料来源、产品销售市场、水质有特殊要求，所以工业企业在布局上还存在廉价电力指向、港口指向和水质指向等。

（2）聚集的"度"。在某一区域范围内，有时候聚集起一定数量的工业企业是因为产品销售市场、劳动力数量与质量、原材料供应和其他自然、社会条件的同质性等。这种适度的聚集可使区域内企业获得最优技术经济规模，不合理的聚集和聚集过度就会造成整体规模不经济，具体情况如下。

第一，适度聚集。每个区域都会具备一定的优势。可利用区域优势，吸引同一产业部门的多个工业企业集聚，或是吸引多个不同产业部门的工业企业集聚。集聚了同一产业部门的多个企业，能够共同使用公共设施，共同建立高水平的科研和教育机构，成为专业技术的创新点和传播中心。这些企业产品的联系性和专业性使该区域能够形成大规模的专业市场，每个企业也因联合购进原材料和联合运输、销售产品而享受更低的成本和更高的利润。多个不同产业部门的工业企业聚集于某区域，分属于不同部门的企业之间存在纵向或横向经济联系，可使该区域多方面的优势得以综合发挥。

第二，不合理的聚集和聚集过度。把存在内部或外部联系的工业集中在特定地点，才能获得集聚经济效益，这是集聚经济的条件。缺乏任何联系的偶然性、随意性聚集将会给区域经济发展带来种种恶果。另外，特定时期和特定技术条件下，区域内工业企业的聚集规模是有约束的。超过约束，不同产业部门的工业企业会相互争夺有利的区位要素，产生矛盾，即聚集过度。不合理聚集和聚集过度都会造成聚集不经济。

第五节　循环经济理论

20 世纪 60 年代，美国经济学家波尔丁首次提出了"循环经济"概念。目前，对循环经济定义的表述有很多种，由于形式不同，侧重点也不同。可以提取的共同的内容是：循环经济本质是一种生态经济，是一种闭环型流动经济系统，物质、能量在闭环中循环使用，具有"资源—产品—再生资源—产品"的反馈式循环流动，表现为系统中所有的物质和能源在不断循环中得到合理持久利用。可节约资源，减少污染，减少对环境的危害。1992 年 6 月联合国环境与发展大会召开，这次大会的议题，第一次把可持续发展由理论推向了实践行动，对新型经济发展模式进行探索，以可持续发展思想为指导，运用生态学规律，重构人类社会经济活动。这次大会的召开使循环经济开始真正被重视起来。

在循环经济具体的研究方面，斯帕塔里对纸张与资源循环利用，基钦对汽车与资源循环利用，达斯对电冰箱与资源循环利用，近藤对塑料包装材料与资源循环利用，约翰对废金属等产品和资源循环利用的策略进行了研究，概括起来讲，上述学者针对各种资源的循环利用进行了科学探索和研究。克利夫兰和露丝认为，特定企业工业使用的原材料范围、使用的模式、生产制造的方式、企业运行机制、物质减量化等对社会的经济产生的影响以及物质替代对环境的影响程度等问题值得重视。上述学者研究了物质减量化的内涵，物质减量化与经济发展两者之间的关系等。弗罗施和加洛普洛斯提出了工业生态学的概念，初步研究了工业生态学的理论；施密特提出了推行生态型经济的思想和实践指导建议；艾尔斯等人研究了在社会经济运行中能量流动对环境的影响；艾伦比系统地研究了有关企业产品与环境的关系，生态工业园与工业生态系统的关系，初步建立了 LCA 理论框架①；在技术变革和环境影响方面，埃尔克曼在系统研究的基础上指出环境系统分析是技术研究方法的基础，并诠释了工业生态技术。概括地说，国外循环经济的相关研究一是对于各种资源的循环利用研究非常多，涉及面也相当广泛，从自然资源到中间品，到最终产品，甚至是家用电器等，可谓无所不包。对促进资源循环再利用的方法、途径、手段的研究很多，但对于工业代谢的研究停留在概念层次，在理论与实际操作上还没有深入探讨。二是侧重于在生产消费等具体领域对循环经济的应用和实现手段进行观察，在宏观层面上缺乏整体的系统性研究，对于循环经济发展模式的理论研究尚属缺乏，且这些研究主要是基于国外实际情况进行的，对基于我国的情况进行的理论研究则刚刚起步。

　　循环经济是以资源的高利用率和高循环率，对工业废弃物实施低排放，与周围环境保持友好型为主要特征。对于循环经济的研究有三种主流观点，第一种观点是从循环经济发展的新理念入手。学者吴季松认为循环经济的主要特征如下：一是建立大系统观念。循环经济观念要求人类必须遵循自然客观规律，改变落后的传统观念，走循环经济发展的路子，树立社会经济发展要符合循环经济发展的新理念。人

---

　　① 英文"Life Cycle Assessment"的缩写，生命周期评价，指通过编制某一系统相关投入与产出的存量记录，评估与这些投入、产出有关的潜在环境影响。

们生产和消费，就是这个大系统的一部分。为遵循符合客观规律的经济原则，现时我国在广大农村和乡镇推行的"退田还湖""退耕还林""退牧还草"等生态系统建设，就是维持大系统可持续发展的基础性工作。二是建立新的循环经济认识。在传统工业经济的各生产要素中，有资金循环再利用，资本循环再利用，人力资源循环再利用，而自然资源没有循环再利用。19世纪以来，机械工程学的规律指导着经济活动。机械工程学的规律主要考虑工程承载能力，对生态承载能力没有给予应有的考虑。循环经济规则要求运用生态学规律，在社会生产活动中，把工程承载能力和生态承载能力放在一起共同考虑。在生态系统中，经济活动超过资源承载能力，就会造成生态系统退化。若是经济活动在资源承载能力之内得以良性循环，就能使生态系统得到平衡发展。三是新的社会价值观。传统工业经济将大自然作为获取原始材料的来源地和丢弃废弃物的天然场所，将自然河流当作水源和排放污染物的污水道，视自然为可利用的资源。循环经济观在考虑自然时，将其作为人类赖以生存的基础，需要保护和维持良性循环的生态系统。对于科学技术，不仅要考虑其对自然的开发改造能力，而且要充分考虑对生态系统的修复能力，使科学技术成为有益于环境的技术。对于人本身在自然社会里的发展，要将人对自然的征服能力和人与自然和谐相处的能力放在同等重要的地位，促进人的全面发展。四是建立循环经济背景下的新消费观念。传统工业经济推崇拼命生产、拼命消费。循环经济观下的消费观提倡物质的适度消费、层次消费，革除消费的误区。人们在消费的同时要考虑到废弃物的资源化，建立绿色循环生产和循环消费观念。同时，循环经济观要求通过市场和非市场的各种有效手段，限制以不可再生资源为原料的一次性产品的生产与消费。五是建立循环经济背景下的新的生产观念。在市场经济环境下，传统工业经济的企业生产观念是最大限度地开发利用自然资源，最大限度地进行社会生产，以获取最高的利润。循环经济的生产观念要求对资源的使用，要努力做到循环再利用，考虑自然生态系统对生产活动的承载能力，节约利用自然资源，尽可能地利用高新技术创新工艺和流程，以知识投入来替代物质资源投入，努力提高自然资源的利用效率，从而创造良性的社会财富。使人类在友好的环境中生产和生活，真正全面提高人民生产和生活的质量。

第二种观点是探讨在社会经济发展中采用怎样的循环经济模式。学者解振华认为，循环经济的模式有：提高资源利用效率，减少生产过程的资源和能源消耗。这是提高整个社会经济效益的重要基础，也是降低环境污染和废物排放的前提条件。延长和拓宽生产技术链，将污染在生产企业内部的封闭环境里进行处理，减少生产过程对企业外部的环境污染和废物排放。对生产和生活中产生的废旧产品进行回收，把可以重复利用的废弃物通过技术处理进行无限次的循环利用。同时对生产企业无法处理的废弃物采取集中回收，扩大环保产业和资源再生产业的规模。

第三种观点是探讨循环经济发展的基本特征。原国家经贸委副主任谢旭人认为，循环经济是经济形式中以资源节约和循环利用为特征的可持续发展的经济形态，以"资源—产品—再生资源—产品"为特征的经济发展模式，表现为低消耗、低污染、高利用率和高循环率，使自然资源、物质资源得到较为充分、合理的使用，把经济生产活动对自然环境的不利影响降低到尽可能小的程度，是可持续发展的模式。循环经济的技术特征是使废弃物减量化、循环利用化和无公害化。

冯之浚[1]认为，由于循环经济是以资源节约和循环利用为特征，可称之为资源循环型经济。

循环经济把生态工业、资源综合有效利用、环境友好型生态设计和可持续消费等融为一体，运用经济生态学规律来指导人类的社会生产等经济活动。它以尽量避免有害废物产生为经济活动的优先目标。以"避免产生—循环利用—最终处理"的方式来处理有害废物，即首先尽量减少源头的资源使用量和污染产生量，因此，生产企业要充分利用科学技术进行组织管理及生产活动；其次，对于源头不能削减的污染物、包装废物、超过产品使用寿命的物品要加以回收利用；最后，当避免产生和回收利用都不能实现时，将最终废物进行环境无害化处理。循环经济为工业化以来的环境与工业经济发展之间的冲突，传统工业经济发展由掠夺型向可持续发展转变提供了战略性的经典范式。

概括来讲，循环经济具有三个特点：第一，循环经济提高生产过程中资源和能源的利用效率，生产结果上减少废物的排放，达到保护生态环境的目的。传统工业经济生产方式是由"资源—产品—废物和污染排放"构成的单向经济方式。传统工业经济生产依赖于高强度开采自然资源和能源，在生产加工和消费过程中又把污染物和废物大量地排放到环境中去，是粗放的、一次性的使用。循环经济建立在物质循环利用基础上，根据减少资源输入，延长产品和服务使用寿命，使废物形成再生资源，把经济活动组织成一个"资源—产品—再生资源—再生产品"的循环流动过程，使得整个经济系统从生产到消费的全过程最少地产生废弃物，减少末端处理。第二，循环经济在不同层

---

① 中国科学学等领域的奠基人，中国软科学、循环经济学和区域经济学等领域的杰出贡献者。

面上将社会经济生产活动纳入可持续发展的框架中。目前，发达国家的循环经济实践已在三个层面上将生产（包括资源消耗）和消费（包括废物排放）这两个重要的环节有机地联系起来：一是企业内部的清洁生产和资源循环利用；二是共生企业间或产业间的生态工业网络；三是区域和整个社会的废物回收和再利用体系。第三，循环经济可以实现社会、经济和环境的共赢。传统工业经济通过把资源持续不断地变成废物来实现经济增长，忽视了经济结构内部各产业之间的有机联系和共生关系，忽视了社会经济系统与自然生态系统间的物质、能量和信息的传递、迁移、循环等规律，形成高开采、高消耗、高排放、低利用"三高一低"的线性经济发展模式，导致许多自然资源短缺甚至枯竭，产生严重的环境污染，造成对经济社会、人体健康的重大损害。循环经济以协调人与自然关系为准则，模拟自然生态系统运行方式和规律，实现资源的可持续利用，使社会生产从数量型的物质增长转变为质量型的服务增长。同时，循环经济拉长了生产链，推动环保产业和其他新型产业的发展，增加就业机会，促进社会发展。

清洁生产理论是循环经济理论中较为重要的理论之一。2003 年 1 月 1 日起施行的《中华人民共和国清洁生产促进法》中将清洁生产定义为"不断采取改进设计、使用清洁的能源和原料、采用先进的工艺技术与设备、改善管理、综合利用等措施，从源头削减污染，提高资源利用效率，减少或者避免生产、服务和产品使用过程中污染物的产生和排放，以减轻或者消除对人类健康和环境的危害"。清洁生产的途径主要包括五个方面：一是改进设计，在工艺和产品设计时，要充分考虑资源的有效利用和环境保护，生产的产品不危害人体健康，不对环境造成危害，能够回收的产品要易于回收；二是使用清洁的能源，并尽可能采用无毒、无害或低毒、低害原料替代毒性大、危害严重的原料；三是采用资源利用率高、污染物排放量少的工艺技术与设备；四是综合利用，包括废渣综合利用、余热余能回收利用、水循环利用、废物回收利用；五是改善管理，包括原料管理、设备管理、生产过程管理、产品质量管理、现场环境管理等。

生态工业园区理论。生态工业园区是依据循环经济理念和工业生态学原理而设计建立的一种新型工业组织形态。生态工业园区的目标是尽量减少废物，将园区内一个企业产生的副产品用作另一个工厂的投料或原材料，通过废物交换、循环利用、清洁生产等手段，最终实现园区污染"零排放"。在这个体系中，一个企业产生的"废物"或副产品是另一个企业的"营养物"。这样，区域内彼此靠近的工业企业或公司就可以形成一个相互依存、类似于自然生态食物链的"工业生态系统"。通常用"工业共生""横向耦合""纵向闭合""区域耦合"以及"工业生态链"等概念来表征工业生态系统中工业企业之间的关系。生态工业园区是工业生态思想的具体体现，因此，从环境角度来看，生态工业园区最具有环境保护意义和绿色生态概念。

可持续发展是实现生态环境系统与社会经济系统的协调发展。实现生态环境系统与社会经济系统协调发展的基础是保持生态可持续存在，使人类的社会生产发展和自然资源与环境的承载能力保持一种平衡状态，使人类的生存环境得以持续。这就需要工业企业积极采用清洁生产技术，采用无害或低害的新工艺、新技术，充分应用科学技术改进生产活动的组织、管理、工艺等水平，创新流程再造，大力降低原材料和能源的消耗，实现少投入、高产出、低污染、低能耗。尽可能把对环境污染物的排放消除在企业自身的封闭生产过程之中，以减轻对外部生态环境的污染和损害。在降低资源的单位使用量的同时，通过科技进步，增加可再生资源的单位生产量，发展稀缺资源和不可再生资源的替代品生产。在全社会把发展循环经济确立为国民经济和社会发展的基本战略目标，进行全面规划和实施，在保证人类基本生存需要和一定生活质量的同时，通过各种有效手段和措施限制或避免因过度消费而造成的资源破坏和环境污染。这样才能提高整个生态环境系统的承载能力，从根本上化解生态环境与社会经济发展的矛盾。

第六节　城乡一体化理论

西方国家对城乡一体化的研究是从城市人口出现"逆城市化"情景而开始的。西方开始工业革命以后，经济发达国家的农村人口逐渐向城市集中，但是随着城市工业化的进一步发展，出现了城市人口又向农村回流的现象，城市工业也开始向有空间和劳动力资源优势的农村转移。20 世纪 80 年代后期，在英文和法文的一些城市科学的著作中，还没有"城乡一体化"的概念，只在工业地理学中有相近的词语"城乡融合（和解）"。它当时的含义是指自 20 世纪以来，西方国家的一些制造业中心从一开始的大都市中心逐步迁移到较小的聚落或者尚未工业化的乡村地区，形成了混合的新型区域，即"逆城市化"。

从城市学和城市规划学界分析，英国城市学家霍华德最早提出城乡一体化思想。他在 1898 年出版了《明日：一条通向真正改革的和平道路》，在 1902 年再版时将其改名为《明日的田园城市》。该著作指出：用城乡融合的新社会结构形态来取代城乡对立的旧社会结构形态。同时他认为应该建设"田园城市"，即城市和乡村优点并存的理想城市，它包括城市和乡村两个部分，城市四周被农业用地所围绕，农业用地是保留的绿带，永远不得改作他用。同时城市的规模必须加以限制。田园城市实质上就是城和乡的结合体。亨利及斯坦因提出"区域城市"的设想，建立城镇集聚，构成多中心城镇功能以及相对集中的空地系统。这种城镇集聚应该是整体化的，清晰的区域交通网络，处在交通轴的交叉点上的集聚。道格拉斯研究了泰国东北部的城市情况，认为实现城市繁荣的路径可以是传统的城市极化效应，由于农村的社会经济水平落后、社会保障缺失，采取城乡融合的方式去建立城乡相通的区域网络系统，能使城乡区域经济获得共同的增长。

城市学家刘易斯指出城与乡不能截然分开，两者具有同等重要的地位，应当有机地结合在一起。他主张建立许多新的城市中心，形成一个更大的区域统一体。以分散现有城市主体，把区域统一体的发展引向经济发展不平衡的农村地区去，就可以使区域整体发展，重建城乡之间的平衡，还有可能使全部居民在任何地方都享受到真正的城市生活的益处。比薛纳·巴拉亚提出通过发展小城镇，加强小城镇与乡村之间的联系，为城乡一体化发展提供基础，进而促进乡村发展。加拿大学者麦基通过对亚洲一些国家样本的研究，提出"Desakota"概念，即城乡一体化区域，也是以区域为基础的城市化现象。这种建立在区域综合发展基础上的城市化形态，实质就是城乡之间的统筹协调和一体化发展。其主要特征是高强度、高频率的城乡之间相互交流，混合的农业和非农业活动，淡化了的城乡差别。艾波斯坦与戴维·杰泽夫研究了发展中国家的背景，大多沿袭西方发达国家经济发展模式，采取"偏重城市"的政策，把农村地区的发展放在次要的位置，其结果是城市各种资源和设施不能满足需求，城市贫民比例不断上升，他们提出一个三维城乡合作模式，即乡村增长地区、乡村增长中心、城市中心三方合作，寻求解决乡村贫困及乡村与城市共同发展等问题。也有学者认为，现代农业的发展将促进中心城市达到更高程度的经济与生态协调，从而使中心城市形成大、中、小城市群体，在空间形态上呈区域化的特征，即区域城市。

总的来说，西方学者对城乡一体化的理论认识是基本相同的，即城乡一体化是生产力发展到一定水平，大城市通过产业转移，使农村城镇人口规模扩大，增强基础设施建设，解决更多的农村剩余劳动力，使农业生产向商品化、专业化方向演进，工业、服务业得到发展，重建城乡平衡，实现城乡共同发展，使全部居民在任何地方都享受到同等生活条件的城市水平。

明确提出"城乡一体化"的是中国的学者，它源于我国典型的"二元社会"格局，因而对城乡一体化的论述也就围绕着城市、乡村两个系统的经济、社会、生态等方面的一体化展开。城乡一体化涉及经济、文化、空间、环境等各个方面，不同学科对其内涵和实质的理解有着不同的角度。社会学学者从城市、乡村两者之间关系的角度出发，认为城乡一体化是指社会经济发展水平相对较高的城市和社会经济发展水平相对较低的农村打破相互分割的二元结构，逐步实现生产要素有序、无障碍的流动和优化配置，促使生产要素在城乡之间合理分布，城市和乡村社会生活和经济活动紧密结合，共同发展，逐步缩小直至消灭城市和乡村区域之间的社会差别，使城市和乡村形成一个有机的整体。经济学界则从经济历史和经济发展规律角度出发，认为城乡一体化是现代经济发展中工业和农业相互促进，关联日益紧密的客观要求，是统一布局城市与乡村经济，加强城市与乡村之间的经济交往，使城市与乡村生产要素优化配置、专业分工，通过合理布局，达到协调发展的目的，最终取得最佳的经济效益。有的经济学者讨论城乡工业的协调发展，称之为"城乡工业一体化"；有的经济学者讨论城乡工业产品和市场的协调统一，称之为"商品市场一体化"；有的经济学者讨论城乡工业的经济活动交流与合作，称之为"经济活动网络一体化"等。从区域生态经济系统出发，有学者认为城乡一体化并不是城乡无差别的境界，而是一种区域生态群落的合理分布，城乡一体化应是城市没有制度上的壁垒，乡村没有政策上的栅栏。城乡一体化是"一种区域生态经济良性平衡系统的高境界"。规划学者从空间角度对城乡接合部做出统一规划，对具有一定内在关联的城乡交融地域上各种物质与精神要素进行系统安排，从可持续发展和空间概念上实现城乡经济、社会、文化持续协调发展的过程。包括城乡职能一体化和空间一体化等。生态、环境学者则是从生态环境角度出发，认为城乡一体化是城乡生态环境的有机结合，保证自然生态过程畅通有序，促进城乡健康、协调发展。

城乡一体化与城乡联系、城乡融合、城乡协调等在研究内容上相互交织。城乡联系是城乡一体化的前提，研究内容涉及城市与乡村之间的关系，城乡一体化是其中的一个分支理论。城乡协调发展则是贯穿城乡一体化过程的主线。城乡融合与城乡一体化在研究内容上很接近，主要研究城市与乡村之间产业和人口高强度、高频率相互作用的结果，表现为农业和非农业活动的混合，由产业多元化导致城乡差别淡化。

现阶段我国城乡一体化发展的动力首先是乡村的城镇集聚和城市

工业化促进下的现代化。乡村区域中传统单元村在向城市现代社区逐步演变，使留在乡村的居民逐渐享受到现代城市文明。乡村的就业结构、居住地和居住方式、生活方式、价值观念都发生改变，具有城市绝大部分特征的城镇开始从乡村中产生。但是乡村城镇化并不是城市的"全城化"，而是使乡村与城市居民在不同地域共享先进、平等的物质文明和精神文明，使乡村与城市共同发展。乡村人多地少、劳动力大量剩余是乡村城镇化中来自乡村内部的推力，城乡收入分配、生活方式、生活质量的差异是乡村城镇化中来自乡村外部的城市的拉力。在两种作用力之下，实现乡村城镇化。乡村城镇化是城乡一体化在乡村发展的主要动力。城市现代化是通过城市现代化建设，提高城市的经济辐射力、吸引力，使城市对乡村的带动能力增强，对区域内乡村的发展起到推波助澜的作用。其次是改革开放政策和外资的引进。改革开放打破了城乡分割壁垒。外资则是解决城乡一体化发展资金不足问题的有效方式。

实现城乡一体化的关键在于加强城乡之间的产业关联度，在城乡之间建立产业价值链。所以，发展县域工业在统筹城乡发展、实现城乡一体化的进程中具有重要意义，对促进县域空间层次上的城乡一体化也具有重要意义。

中国著名社会学家费孝通先生从 1935 年开始，关注农村问题、小城镇问题、区域经济发展问题，1957 年发表了著作《重返农村》，在书中，费孝通描述当时江苏省农民有地无钱、农村工业与商品交换萧条、小城镇萎缩，大胆提出恢复发展副业和乡村工业，在村子里办小型工厂。他认为，多种多样的工业不宜集中在少数城市，应分散到广大农村，做到"工业下乡"。通过"工业下乡"，农村劳动者可实现

"离农不离村"，做到农业、工业相互辅助，共同繁荣。这是非常适合当时中国国情的发展农村工业的道路。在《中国的小城镇：功能·问题·展望》一书中，费孝通提出"城乡一体化、全国一盘棋"模式，又叫城乡协调发展模式。他主张某一区域内一方面要发展农村自身的经济，另一方面要加强城市对农村的辐射，促进城市、乡村之间根据各自的资源优势相互补充、相互协作、相互促进。在城市乡村共同协调发展过程中，农村的农产业和农村的小城镇既是主角，又是纽带。农村非农产业是生产要素在城乡之间实现流动、自由组合的平台，城乡之间以产业为桥梁实现共同协调发展。

农村集镇的不断发展孕育了城市，繁荣城镇不仅可以汇聚乡镇企业，还能更有效地吸纳农村剩余劳动力；因而我国农村的城镇化发展不能牺牲农村和农业。可以通过集中经济、人力要素来促进小城镇、小乡村的发展变化及规模扩大，从而缩小小城镇与城市的差别。而小城镇对农村发展的带动作用又缩小了村与镇的差别，最终缩小城乡差别。此种模式以小城镇的发展为主导，通过小城镇与上（城市）、下（农村）差距的缩小来实现城乡一体化。对大城市和郊区而言，这种模式也可表现为郊区城市化模式，即通过郊区城市化来缩小城（市区）、乡（郊区）差别，实现城乡一体化。

当前，中国城市与乡村之间主要存在三个差距：一是城市乡村之间的空间地域差距，二是城市乡村居民收入分配之间的差距，三是城市乡村居民之间的生活方式、生活质量差距。实现城乡一体化的过程就是缩小城乡居民之间的空间差距、收入分配差距和生活方式、生活质量差距的过程，缩小差距的关键是寻找一个突破口，即缩小收入分配差距。

　　缩小和解决城乡居民之间收入分配差距的有效办法是大力发展县域工业，积极推行农村工业化、城镇化，不断调整和提升经济结构。县域工业的发展带动城市和农村的交通改善与发展，缩小城乡居民的地域差距。在县域工业发展的基础上，工业企业形成的集聚布局使乡村城镇化又得以发展，承载和传播城市的先进文化和工业文明，从而缩小城乡居民的生活方式、生活质量差距。

第七节　本章小结

　　本章主要探讨了区域工业可持续发展的相关理论，包括生态学理论、经济学理论、霍夫曼工业化阶段理论、区域经济理论、集聚经济理论与县域工业可持续发展理论、循环经济理论、城乡一体化理论等。

第三章　宜城市工业可持续发展水平评价和影响因素分析

前文主要从定性的角度出发，研究了县域工业可持续发展的理论，没有详细从定量的角度进行客观的评价，这在实践中缺乏指导意义。因此，下文建立县域工业可持续发展水平评价指标体系、设计模型方法和进行综合具体评判，以此提高本研究的科学性和可操作性。

宜城市区域工业可持续发展的影响因素是多元的、复杂的。本书抽取自然资源和环境、工业基础及结构、社会环境状况、资本、城市圈和中心城市带动作用等因素进行深入分析，为下文构建宜城市工业可持续发展战略和模式选择等提供依据。

第一节　宜城市区域和工业发展概况[①]

宜城市历史悠久，文化厚实，楚国曾在此建都 184 年（前 689 至前 505），楚风楚韵在宜城源远流长，至今已有 2000 多年的历史。宜城是楚文化的重要发祥地，也是抗日英雄张自忠将军的殉国地、国际铁人三项赛的举办地和全国最具投资潜力中小城市百强县市，先后被

---

① 资料来源：百度百科，http://baike.baidu.com/item/宜城/753690#viewPageContent。

授予全国文化先进市、基础教育先进市、科普示范市、民政工作先进市、省级卫生城市和双拥示范城市等荣誉称号。

一、宜城市区域概况

1. 自然概况

宜城市位于湖北省西北部，汉江中游。东界随州、枣阳，南接钟祥、荆门，西邻南漳，北抵襄阳。地处 111°57′E ~ 112°45′E，31°26′N ~ 31°54′N。东西长 76 千米，南北宽 53 千米，总面积 2115 平方千米。城市建成区面积 14 平方千米。汉江由西北向南方穿境而过，将版图分为东西两部分，东部丘陵系大洪山山脉，西部丘陵属荆山余脉，中间为汉江宜城段最大支流蛮河的冲积平原，整个地形地脉呈现出"四山一水五分田"的格局。宜城市现辖八个镇，两个街道办事处，一个经济开发区和一个工业园区。分别为小河镇、郑集镇、孔湾镇、刘猴镇、雷河镇、王集镇、板桥店镇、流水镇、鄢城街道办事处、南营街道办事处、宜城经济开发区、大雁工业园区。

宜城市气候类型为暖温带半湿润大陆季风气候，春季干旱多风，夏季炎热多雨，秋季湿润凉爽，冬季干冷少雪，四季分明，年平均气温 16.7 摄氏度。

境内河流，以汉水为主干，构成"扇形"。汉水以东主要有莺河、落花河、牌坊河、响水沟、南洲河、麻雀河、连江河、黑石沟等支流，汉水以西主要有蛮河、木渠沟、碑河等。流域面积在 5 平方千米以上的河流共 103 条，全长 1096.3 千米，其中 100 平方千米以上（一级）9 条，50 ~ 100 平方千米（二级）7 条，5 ~ 50 平方千米（三级）87 条。境内河流已开发 57 条，占河流总数的 55.33%。汉江又称汉水，是长江最大的支流。宜城境段俗称大河，境内河段长 59 千米，汇纳蛮河、莺河等大小支流十余条。流域面积 2113 平方千米，水能蕴藏量达 12540 千瓦，最大洪峰流量达 52400 立方米/秒，为境内最大河流。蛮河又称小河，境内河段长 63 千米，汇纳大小河流 24 条，流域面积 663.6 平方千米，水能蕴藏量 4465 千瓦。上游建三道河水库、石门水库等，从南漳、武镇到宜城岛口，修建了百里长渠。莺河又称南泉河，境内河段长 59.4 千米，汇纳大小河流 23 条，流域面积 403.9 平方千米。于上游宜城、枣阳交界处建有大型水库——莺河一库，于马头山东建中型水库——莺河二库；下游建有小型水库 7 座。水能蕴藏量 1776 千瓦，已开发 520 千瓦。已利用面积 302.6 平方千米，占整个流域面积 79.6%。莺河一库总库容 11950 万立方米，莺河二库总库容 8240 万立方米。

2. 社会经济概况

宜城市汉族人口约占总人口的 99.77%，少数民族人口约占总人口的 0.23%。少数民族分布在全市各镇（办事处），主要集中在流水镇和板桥店镇。少数民族以回族为主，回族人口占少数民族总人口的 80% 以上。

1994 年 6 月，宜城撤县设市。全市总人口 56.4 万，其中，农村人口 33.6 万，城镇人口 22.8 万，城区人口 15 万，城镇化率 40.55%。

2011 年，全市地区生产总值 150.0 亿元，比上年增长 32.7%，比 2007 年增长了 194.6%。其中第一产业增加值完成 15.0 亿元，增长 91.4%，第二产业总值 84.0 亿元，比上年增长 72.4%，与 2007 年相比净增 64.9 亿元，增长 339.7%。其中工业增加值 259.4 亿元，比 2007 年增加 269.0%，工业已成为县域经济的主导。第三产业总值 34.6 亿元，比上年增长 1.0%，比 2007 年增长 127.6%，第三产业日趋活跃。地方一般预算收入约 6.6 亿元，比上年增长 64.1%，农民人均可支配收入 8040 元，比 2007 年增加 75.8%，全社会固定资产投资 110.7 亿元，比上年增长 48.3%，五年来累计投入 265.9 亿元，规模以上工业实现总产值 270 亿元，与上年相比增长 61.6%，与 2007 年相比增长 244.7%，规模企业个数与 2007 年相比净增 99 家，增长 1.22 倍，工业用电量 3.73 亿千瓦时，增长 12.45%，外贸出口总额 12103 万美元，比上年增长 75.4%，比 2007 年净增加 8624 万美元，持续保持了在襄阳各县（市）中的领先地位，全市三次产业结构之比已由 2007 年的 32.46 : 37.66 : 29.88 调整为 20.60 : 56.03 : 23.37，工业连续三年保持了领先发展水平。工业快速发展的同时，企业素质也在提档升级，全市 24 家企业通过了质量体系认证，燕京啤酒、筠艳涂料等 6 个产品获省名牌，襄大牌、李方忠牌等 16 个商标获省著名商标（见表 3 - 1）。

表 3 - 1　2007—2011 年宜城市域经济主要指标

指　标	2007 年	2008 年	2009 年	2010 年	2011 年
地区生产总值（亿元）	50.9	63.3	83.0	113.0	150.0
规模工业总产值（亿元）	10.6	15.9	103	167	270
地方一般预算收入（万元）	17289	20837	27863	40533	66517
全社会固定资产投资（亿元）	16.0	23.1	45.5	70.6	110.7
外贸出口（万美元）	3479	5000	5742	40533	12103
农民人均可支配收入（元）	4571	5518	6063	6900	8040
规模企业个数（个）	81	115	151	176	180

资料来源：根据宜城市发展和改革局相关资料计算整理。

2012 年，在国内外经济环境发生重大变化、经济发展面临重大挑战的背景下，宜城市抢抓机遇，迎难而进，着力提高经济增长质量和效益。全市经济呈现持续、健康、快速发展的势头。经济发展速度加快、质量提高、后劲增强。人民生活进一步改善，社会事业全面发展。2012 年宜城市地区生产总值如表 3 - 2 所示。

表 3 - 2　2012 年宜城市地区生产总值　　　　单位：万元

指标	2012 年	比上年 ± %
地区生产总值	2203000	46.8
第一产业	408215	29.9
第二产业	1240729	47.7
工业	554056	37.3
建筑业	28812	2.9
第三产业	259149	60.1
交通运输仓储和邮政业	37567	8.4
批发和零售业	63588	22.6
住宿和餐饮业	12713	54.8
金融保险业	18907	19.2
房地产业	12187	6.5
其他报务业	114187	35.0

资料来源：根据宜城市发展和改革局相关资料计算整理。

2012 年，全市实现地区生产总值（GDP）220.3 亿元，比上年增长 46.8%，其中第一产业增加值 9.4 亿元，增长 29.9%；第二产业增加值 40.1 亿元，增长 47.7%；第三产业增加值 20.8 亿元，增长 60.1%，按常住人口计算，当年人均生产总值 17535 元，比上年增加 2594 元，经济结构继续改善。在全市生产总值中，三次产业结构由上年的 20.60：56.03：23.37 改变为 18.53：56.32：25.15，其中第二产业增加值占生产总值的比重与上年基本保持不变。

2012 年，全年实现农业总产值 39.34 亿元，比上年增长 3.3%。

粮食种植面积 66278 公顷,比上年增加 3510 公顷;棉花种植面积 7864 公顷,比上年增加 451 公顷;油料种植面积 22187 公顷,比上年减少 1116 公顷。全年粮食总产量 52.06 万吨,比上年增产 5.93 万吨,增长 12.9%;棉花总产量 7859 吨,比上年减产 611 吨,下降 7.2%;油料产量 6.55 万吨,增加 9141 万吨,增长 16.2%。

2012 年,规模以上工业企业达到 181 家,新增产值过亿元企业 16 家,总量达到 96 家。实现规模工业总产值 100.6 亿元,增长 30.2%。其中中央、省属企业完成产值 23.16 亿元,市属企业完成产值 76.44 亿元,分别比上年增长 40.1% 和 71.7%。食品、化工和纺织三大支柱产业,共完成工业产值 47.7 亿元,增长 131.8%。全市规模以上工业企业完成增加值 16.18 亿元,增长 41.68%。

2012 年全年全社会固定资产投资总额 150.7 亿元,比上年增长 58.1%。其中城镇 1 亿元以上投资 69.3 亿元,增长 65.8%;农村私人投资 9.8 亿元,增长 30.2%;房地产开发投资 71.6 亿元,增长 43.9%。

2012 年,全市实现社会消费品零售总额 70.64 亿元,增长 22.6%,按地区分,城镇实现消费品零售额 40.71 亿元,增长 27.5%;农村实现消费零售额 29.93 亿元,增长 25.3%。全市出口创汇累计完成 1.2 亿美元,同比增长 60.1%。实际利用外资 6403 万美元,同比增长 3.9 倍。招商引资取得新成绩,全年招商引资总额达到 61.8 亿元,比上年增长 90.2%。

2012 年实现财政总收入 10.67 亿元,比上年增长 42.1%,其中地方财政一般预算收入 8.36 亿元,增长 25.5%。全年财政支出 21.7 亿元,增长 40.8%,其中教育支出增长 28.1%,科学技术支出增长

152.8%，社会保障和就业支出增长53.3%，医疗卫生支出增长
86.9%，环境保护支出增长444.2%。

3. 资源状况[①]

宜城市境内已发现的矿产资源有铅矿、铝土矿、硅石、磷矿、耐
火黏土、高岭土、铁矾土、砖瓦黏土、白云石、石灰石、方解石、大
理石、白云母、膨润土、矿泉水、氧化铁红、煤、镓、铁、石英砂等
20余种，已被开发利用的有12种。主要分布在"两山一线"，即东南
两山、随南线，已探明的矿石储藏量14亿吨。其中，铜、铅、银多金
属矿，储量70多万吨，储藏价值1亿多元；铝土矿，储量800多万
吨，居全省第一；硅石，储量达1500万吨，平均品位达98%，属特
级矿，次为孔湾覆船山和雷河胡耳硅矿，主要生产硅铁、硅锰等硅质合
金；耐火黏土，总储量3600万吨；磷块岩，储量400万吨；白云岩，储
量3亿吨以上；石灰石，总储量2亿吨以上，平均含氧化钙54%以上，
属一级品，系中南地区罕见的大型优质石灰石矿；白云母，储藏于孔湾
夫子娅的杨坡群片岩中，共有6条矿脉；膨润土，储量37.56万吨，品
级Ⅱ级至Ⅲ级；矿泉水，出露于板桥上湾张集，被命名为含偏硅酸、锶、
溴、氟、硒的重碳酸硫酸至钙镁型矿泉水，日自然溢出量达2200吨，系
1987年国家首批公布的八大优质天然矿泉水之一。

二、宜城市工业发展现状

1980年，宜城市工业从业人员占全社会从业人员的比重为
5.81%，1985年为7.03%，1990年为9.16%，1995年为16.52%，

---

① 资料来源：宜城人民政府门户网站，http://www.ych.gov.cn/。

2000 年为 17.07%，2002 年又提高到 22.49%。这说明，改革开放以来，随着工业化的迅速推进，特别是农村乡镇企业和非公有制企业的迅猛发展，宜城市工业职工人数出现较快增长的趋势。特别是 1995 年以来，宜城市工业从业人员占全社会从业人员的比重开始迅速增高。自 2002 年以来，随着国有企业改革的深入和非公有制企业用工制度的变化，很多企业采取了减员增效的做法，宜城市工业企业从业人数增长速度放慢，工业增长中劳动力因素的贡献在逐渐减少。

1949 年以来，宜城市工业获得了很大的发展，工业经济实力迅速增强，工业部门结构日趋多元化，工业技术水平有了明显提高，具有一定的工业资产存量，形成了一批具有较强市场竞争力的企业和产品。初步形成了以食品、纺织、电力、化工、造纸、机械、建材等为主体的工业体系，建成了东方化工厂等综合性和专业化的工业基地。

改革开放以来，我国轻重工业结构的演进大体呈现出轻型化趋势。湖北省由于自然条件和社会历史条件的影响，工业结构偏于重型化，即重工业比重偏大，轻工业比重偏小，呈现出资源型工业结构特征。而宜城市工业因以农产品为原料的企业所占比重较大，轻重工业结构总体上则偏重于轻型化。1980 年至 1995 年，宜城市轻工业产值占工业总产值的 58% 左右，2000 年上升至 61.3%，2001 年上升至 65.8%，2002 年后略有下降，仍为 63% 左右。从宜城市轻工业内部结构看，以农产品为原料的轻工业在 20 世纪 80 年代和 20 世纪 90 年代前期的比重为 80% 左右，随后略有下降，但 2003 年又回升到 81.2%，而以非农产品为原料的轻工业比重始终较小，2003 年仅占 19.8%。从宜城市重工业内部结构看，采掘工业所占的比重较低，近年来基本在7%左右，原料工业占50%左右，加工工业占40%左右。这既显示轻工业对经济增长的贡献要高于重工业，同时说明有条件时该地可发展以非农产品为原料的轻工业和重采掘工业。

宜城市农业基础好，农业农村经济发展较快，是全省重要的优质粮食棉油生产基地和小有名气的水果、畜禽、蔬菜产区，农产品资源丰富，素有农业"小胖子"之称。全市的农业产业化龙头企业和涉农产品生产企业，在2010年就实现产值24亿元，形成了粮食、食品、油脂三大农产品加工群，其中年粮食加工能力90万吨，聚集规模企业12家，食品加工能力10万吨，聚集规模企业9家。辐射带动和培植出优质西瓜和香菇大镇流水镇，油料大镇王集镇，蔬菜大镇孔湾镇，养鸭大镇郑集镇，养猪大镇刘猴镇等。

宜城市围绕龙头建基地，按照"龙头带动，突出特色，依托市场，连片开发"的思路，出台激励政策，规模扶持引导，加快推进种植板块、畜牧小区建设，提高基地标准和配套水平。大力实施一镇一品，一村一品战略，建成有45万亩优质水稻、35万亩优质小麦、13万亩西瓜、32万亩油菜基地，建成标准化养殖小区20个。坚持示范带动，层层示范，级级推动，建成一批特色基地和示范村，有效助推了龙头企业发展壮大。严格产品标准，坚持把订单作为联结龙头企业、基地和农户的红线，由企业指导基地，农户按合同规范生产，企业按合同价收购，保障原料供应。2010年，楚源米业等10家粮食加工企业与农户签订优质稻、优质小麦收购合同，调动了农民种植优质品种的积极性，既增加了农民的收入，又增加了产品附加值，达到了企业与基地互利双赢的目的。

围绕宜城市的主导产业，宜城市形成一批上下关联度高，联系紧密的龙头企业集群，龙头企业坚持做大做强。通过招商引资做多龙头，围绕冬瓜、西瓜、粮油等主导产业招商，促进优质农产品、优势农业资源与外地资金、企业成功对接。确保了每年引进2~3家大中型农字号企业。通过企业联合做大龙头，企业按照市场机制互相联合，努力实现资源共享、优势互补，整合一批骨干龙头企业。重点围绕米、油、棉、禽等优势农产品的加工，对现有的加工能力进行整合，实现包装上档次、同一品牌上质量，提高农产品附加值，逐步实现从"卖原料"向"卖产品"进而向"卖品牌"转变，从而提升企业素质。通过技术改造做强龙头，抓住宜城市作为全省整合支农资金试点的机遇，重点扶持天心油脂、宇帆农产品加工、楚台食品等现有龙头企业加快发展，通过扩充增量、产品研发、装备更新，提升企业核心竞争力。

农产品加工业的快速发展，不仅增强了市域工业基础，而且有力提升了传统农业，促进农业增效、农民增收，形成了工业反哺农业，农业促进工业的利益联结机制，进一步夯实了农业基础，推进了城乡经济一体化建设。

近几年，宜城市初步形成了以新东方、金源为龙头的精细化工产业集聚，以燕京、大山、天鑫、襄大为龙头的食品饲料产业集群，以万众、楚天、富亿、雅新为龙头的纺织服装产业集群；崛起了以银轮机械、天神蓄电池为龙头的汽车零部件和建材工业两大新兴支柱产业。2010年，化工、食品、纺织三大产业集群完成总产值35亿元，占全市规模工业总产值的85%，成为全市工业的重要支柱。其中精细化工产业集群网络化工企业50多家，规模企业20多家，完成规模工业总产值14.02亿元，比上年增长15.3%，从业人员6000余人，生产产品 50 多个品种，呈现出产品日趋优化、产业布局日趋合理的新格局；食品饲料产业集群网络食品饲料加工企业 87 家，规模企业 26 家，占规模企业总数 31.7%，实现产值 14.1 亿元，比上年增长 73.9%，占全市总产值的 37.2%，企业吸纳就业人数 3350 多人，带动 3 万余农户共同致富，涌现出一批规模较大的龙头企业和知名品牌；纺织服装产业集群网络规模企业 11 家，产值达 7 亿元，拥有 15 万棉纺，3 条印染生产线。床单、毛巾、服装等产品远销东盟、欧美、日韩、非洲等 60 多个国家和地区；汽车零部件产业网络企业 3 家，实现产值 9000 万元，建产业网络企业近 100 家，规模以上企业 15 家，完成产值 2.14 亿元，水泥及水泥制品、墙体材料等新型建材产品共有五大类 80 余种。

宜城市以园区建设为核心，凸显产业集聚效应。以"一区四园"（宜城经济开发区、白庙工业园、燕京工业园、大雁工业园、鲤鱼湖科技孵化园）为载体，不断加强载体的软硬环境建设，积极引导和扶持工业企业向"一区四园"聚集，逐步形成了企业扎堆发展的集约发展态势。宜城市政府按照 38.6 千米的总体设计规划，多方筹资 1.5 亿元，完成了 6.5 平方千米的起步区建设，实现了经济开发区道路、供电、供水、供气、排水、通信、公共汽车及土地平整、绿化、亮化的"七通一平两化"。启动了商住区、标准化厂房建设区工程，构筑了开发区骨架，形成了三纵四横路网格局，建成了白庙工业园、燕京工业园和鲤鱼湖科技孵化园等特色小区。园区内已入驻企业 43 家，开工在建项目 10 个，累计固定资产额达 5.56 亿元，利用外资 1008 万美元，吸纳从业人员 7650 人，企业当年实现总产值 17.5 亿元，利税过亿元，出口交货值 25600 万元，各项经济指标与上年相比增幅 40% 以上。2010 年下半年，宜城市又启动了襄阳雷河·大雁工业园区建设，成立了园区协调委员会，将工业园区产业定位在精细化工（制药）上，规划了园区道路、桥梁、供水、供电、治污、商住、休闲、物流、客运、医疗、教育（托幼）等基础设施，拟定了入园基本条件，出台了一系列的优惠办法。建成后的精细化工（制药）工业园将使大雁、新东方、金源和雷河发展区等四个精细化工相对集聚地贯为一体，分工更为合理，公共平台利用率提高，生产成本降低，配套能力更为健全，抵御市场能力增强，成为一座亮丽的化工新城。

宜城市招商引资规模和质量明显提高，发展后劲显著增强，从而有效地提高了产业竞争力。近年来，累计引进项目 400 多个，到位资金近 20 亿元。2010 年协议引进项目 132 个，到位资金 7.99 亿元，开工建设投资的 3000 万元以上项目 46 个，其中投资过亿项目 8 个，过 5000 万元的 13 个，可新增产值 80 亿元，利税 12 亿元。

今后，宜城市工业将在已有基础上，立足激活存量、引进增量，科学谋划，合理布局，集聚发展。以大雁为起点，以雷河·大雁工业园区、白庙工业区、燕京食品工业园区、板桥建材工业区域等为重要节点，加快工业经济带形成步伐。逐步形成一个工业经济带贯穿四个工业板块（雷河—大雁—市区—板桥工业带，雷河·大雁板块、市区板块、板桥板块、朱市板块）的新格局，实施"5521"工程（雷河·大雁 50 亿元，市区 50 亿元，板桥 20 亿元，朱市 10 亿元），实现规模以上工业产值 130 亿元的目标，辐射带动农业产业等的发展提升。

第二节　县域工业可持续发展水平评价指标体系的构建

一、指标体系构建的原则

力图对县域工业可持续发展水平进行全面、客观、准确、真实评价，笔者认为评价指标的选取应遵循以下几项原则。

1. 宏观性原则

县域工业经济可持续发展评价是一个中观评价，因此评价指标以中观指标为主。

2. 可行性原则

所选用的指标要有准确、可靠的文献和数据等资料来源，可实际计算并能用来分析评价，尽量直接使用权威统计部门公开发布的统计资料或利用这些资料进行科学推算，在尽可能科学、客观、合理的基础上，兼顾指标的实用性和可操作性。在指标的选取上，要立足现状，减少细微性和烦琐性，增大可操作性，便于数据的采集和计算。

3. 可比性原则

所选取指标的名称、定义、内涵、计算口径和测算方法等要具备标准化规则，各项指标在设计时应尽量考虑其数值是否可以进行纵向比较（与历史状况相比）和横向比较（与本省、市、区之间的相互比较），并力求与国内统计标准统一，以便于进行地区间的比较评价。

除了上述原则外，评价指标的选取还必须遵循科学性原则、层次性原则、完备性原则、客观真实性原则、定量与定性相结合原则、相关性原则等。

二、指标体系的构建框架

考虑到县域工业可持续发展评价体系是一个宏观的评价体系，同时可持续发展评价体系是一个复杂的大系统，且这一系统是由若干多元参量组成的，它是一个多目标的综合评价。本书在深入分析和筛选后，选取了包括县域经济发展能力指标、科技进步能力指标、人力资源效益能力指标、资源利用能力指标、环境容量能力指标五大指标。这些指标在时间上反映了县域工业经济的规模，在层次上反映了县域工业经济的功能和水平。

1. 经济发展能力指标

本书认为经济发展是县域可持续发展的核心内容，县域可持续发展首先是经济发展，只有经济发展才能为环境保护和资源开发提供资金和技术支持。

在县域工业总体经济规模方面，本书选取了县域工业总产值指标。县域工业总产值是以货币表现的县域工业企业在一定时期内生产的已出售或可供出售的工业产品总值，它反映了一定时间内县域工业生产的总规模和总水平。在经济效益方面，本书选取了县域工业增加值率、企业资产负债率和流动资产周转次数三个指标。县域工业增加值率是指在一定时期内县域工业增加值占同期县域工业总产值的比重，以县域工业增加值同县域工业总产值之比求得，它反映了降低中间消耗的经济效益。资产负债率和流动资产周转次数两个指标则反映了县域工业企业的资本优良结构和获利能力。在产品竞争力方面选取了县域工业产品销售收入占全国工业产品销售收入比重和产品销售率来反映县域工业产品的竞争能力。

2. 科技进步能力指标

一个县域的经济发展，一般要经历三个基本阶段，即要素（资源）驱动阶段、投资（资本）驱动阶段和技术（发明）驱动阶段。其中，技术驱动阶段被认为是高级、关键的阶段。

本书选取县域工业企业研究与开发经费占县域经济 GDP 的比重、科技进步贡献率、信息产业产值占县域经济 GDP 的比重等三个指标，反映县域科技进步能力。

3. 人力资源效益能力指标

人力资源效益能力主要是从全局和长期的角度对人力资源进行有效开发、利用、配置和调控，以促进县域的工业可持续发展。只有不断提高人力资源素质，充分发挥人力资源优势，才能实现县域工业可持续发展的目标。必须要在工业发展的进程中充分考虑廉价劳动力众多这个国情，处理好资本技术密集型产业与劳动密集型产业的关系，处理好高新技术产业和传统产业的关系，处理好虚拟经济和实体经济的关系。既充分利用工业化来提升劳动生产率，又着眼于扩大就业，发挥出人力资源的优势。本书就此选取了县域工业成本费用利润率、县域工业企业每千名职工科技人员数和全员劳动生产率三个指标。

4. 资源利用能力指标

资源包括县域自然资源和原材料资源，县域资源存量和人均占有量是衡量县域工业经济可持续发展的重要指标。

资源利用能力指标反映了县域配置和使用各种经济资源进行工业生产活动以求得最佳经济效益的能力。本书在分析资源配置因素时，主要考虑了资源消耗状况、资源生产状况这两个方面。因此本书在研究资源利用指标时选取了县域工业企业每万元工业产值能源消耗量、县域工业企业每万元工业产值电力消耗量、县域工业企业能源消费弹性系数、县域工业企业能源生产弹性系数、发电量等因素。

5. 环境容量能力指标

环境容量能力指标主要包括自然环境质量指标和社会环境指标。因此本书从县域自然环境质量、县域基础设施条件和县域社会环境状况三个方面来研究环境容量能力对县域工业发展的影响和作用。在生态环境质量因素中，本书选取了县域工业废水排放达标率、县域工业废气排放达标率、县域"三废"综合利用产品产值三个指标。而它们正好可以直观地反映工业化同环境之间的协调状况。在县域基础设施条件因素中本书选取了县域铁路货运密度和县域公路货运密度两个指标。而在县域社会环境状况方面本书选取了县工业财政支出占县总财政支出比重指标。

上述五方面指标共同描述了县域工业经济可持续发展的基本状况，比较充分考虑了不同指标之间的相互作用关系，较为合理地反映了县域工业可持续发展水平。

三、指标体系的组成

1. 目标层

本指标体系的目标层即为本书研究的主要目的之一，它是评价指标体系的最高层，表征了县域工业可持续发展水平的总体评价。

2. 判断层

包括经济发展能力、科技进步能力、人力资源效益能力、资源利用能力、环境容量能力五个方面。

3. 因素层

共包括县域总体经济规模、县域工业企业经济效益、县域工业企业产品竞争力、县域工业企业产品科技含量、县域工业企业科技创新能力、县域工业企业管理水平、县域工业企业员工素质、县域资源消耗状况、县域资源生产状况、县域自然环境质量、县域基础设施条件、县域社会环境状况 12 个因素，分属于不同的判断层，是对判断层的进一步细分。

4. 指标层

既是指标体系的最下层，也是最重要的一层，它包括了反映县域工业可持续发展水平评价的全部内容，是目标层的最终载体。

我国县域工业可持续发展评价指标体系如图 3－1 所示。

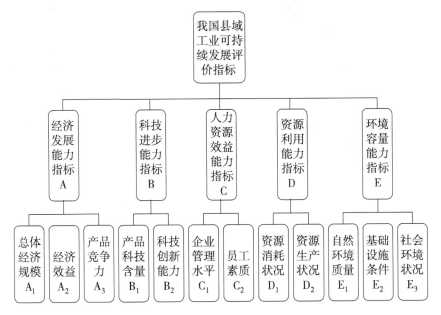

图 3－1　我国县域工业可持续发展评价指标体系

指标层的具体指标为以下几个。

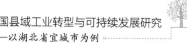

$A_1 = \{$工业总产值 A_{11}，第二产业占国内生产总值的比重 $A_{12}\}$；

$A_2 = \{$工业增加值率 A_{21}，资产负债率 A_{22}，流动资产周转次数 $A_{23}\}$；

$A_3 = \{$各县工业产品销售收入占全国工业产品销售收入比重 A_{31}，产品销售率 $A_{32}\}$；

$B_1 = \{$技术市场成交额 B_{11}，各县专利批准量占全国批准量比重 $B_{12}\}$；

$B_2 = \{$产品研发经费支出额占 GDP 比重 $B_{21}\}$；

$C_1 = \{$工业成本费用利润率 $C_{11}\}$；

$C_2 = \{$每千名职工科技人员数 C_{21}，全员劳动生产率 $C_{22}\}$；

$D_1 = \{$每万元工业产值能源消耗量 D_{11}；每万元工业产值电力消耗量 D_{12}，能源消费弹性系数 $D_{13}\}$；

$D_2 = \{$能源生产弹性系数 D_{21}，发电量 $D_{22}\}$；

$E_1 = \{$工业废水排放达标率 E_{11}，工业废气排放达标率 E_{12}，"三废"综合利用产品产值 $E_{13}\}$；

$E_2 = \{$铁路货运密度 E_{21}，公路货运密度 $E_{22}\}$；

$E_3 = \{$各县工业财政支出占总财政支出比重 $E_{31}\}$。

第三节　县域工业可持续发展水平评价方法

本书对县域工业可持续发展水平的评价研究主要采用层次分析法（AHP），该方法是美国运筹学家、匹茨堡大学教授萨蒂于 20 世纪 70 年代初提出的一种层次权重决策分析方法。本书采用这一方法构建区域工业可持续发展水平的评价模型。

1. 进行数据整理

（1）采取评价指标类型一致化，即将"极大型""极小型"化为一致。一致化为"极大型"。

（2）采取评价指标的无量纲化。根据已建立的指标体系，笔者通过查阅《中国工业经济年鉴》和《中国统计年鉴》（2001—2004年）所公布的统计数据，对其进行四年算术平均，以消除个别年份偶然因素的影响，可以获得用于评价我国县域工业发展的原始数据矩阵 $X_{n \times 24}$（n代表我国n个县级区域，这里n假设为31个，24为指标数）。需要对原始数据进行无量纲化处理，以消除原始数据的量纲影响，从而获得无量纲化矩阵 $X'_{n \times 24}$（n为我国n个县级区域，这里n假设为31个）

处理公式为：$x_{ik}' = \dfrac{x_{ik} - \overline{x_k}}{s_k}(i = 1,2,\cdots,31; k = 1,2,\cdots,24)$

其中 $\overline{x_k} = \dfrac{1}{31}\sum_{i=1}^{31} X_{ik}, s_k = \sqrt{\dfrac{1}{31}\sum_{i=1}^{31}(X_{ik} - \overline{X_k})^2}(i = 1,2,\cdots,31; k = 1,2,\cdots,24)$

（3）达到标准值为限，超过不加分。

2. 层次分析法定权重的过程

（1）构造判断矩阵，如表3-3所示。

表3-3 判断矩阵

标度值	含　义
1	表示因素 c_i 与 c_j 比较，具有同等的重要性
3	表示因素 c_i 与 c_j 比较，c_i 比 c_j 稍微重要
5	表示因素 c_i 与 c_j 比较，c_i 比 c_j 明显重要
7	表示因素 c_i 与 c_j 比较，c_i 比 c_j 强烈重要
9	表示因素 c_i 与 c_j 比较，c_i 比 c_j 极端重要
2, 4, 6, 8	2, 4, 6, 8分别表示相邻判断1~3、3~5、5~7、7~9的中值
倒数	表示因素 c_i 与 c_j 比较得判断 a_{ij}，则 c_j 与 c_i 比较得判断 $a_{ji} = \dfrac{1}{a_{ij}}$

根据表3-3得到判断矩阵 A。

$$A = \begin{bmatrix} a_{11} & a_{12} & \cdots & a_{1n} \\ a_{21} & a_{22} & \cdots & a_{2n} \\ \vdots & \vdots & \vdots & \vdots \\ a_{n1} & a_{n2} & \cdots & a_{nn} \end{bmatrix}$$

（2）计算重要性排序。根据判断矩阵，利用线性代数知识，精确求出最大特征根所对应的特征向量。所求特征向量即为各评价因素的重要性排序，归一化后，也就是权数分配。各指标的权数利用数学软件计算得到。

（3）检验。由于客观事物的复杂性或对事物认识的片面性，为确定通过所构造的判断矩阵求出的特征向量（权值）是否合理，需要对判断矩阵进行一致性和随机性检验，检验公式为：$CR = CI/RI$

式中，CR 为判断矩阵的随机一致性比率；CI 为判断矩阵一致性指标；它由下式计算：

$$CI = \frac{1}{m-1}(\lambda_{\max} - m)$$

其中，$\lambda_{\max}$ 为最大特征根；m 为判断矩阵阶数；RI 为判断矩阵的平均随机一致性指标。

RI 由大量试验给出，对于低阶判断矩阵，RI 取值见表3－4。对于高于12阶的判断矩阵，需要进一步查资料或采用近似方法。即令

$$CR = \frac{\lambda_{\max} - m}{m-1}$$

表3－4　层次分析法的平均随机一致性指标值

M	1	2	3	4	5	6	7	8	9	10	11
RI	0.00	0.00	0.58	0.90	1.12	1.24	1.32	1.41	1.45	1.49	1.51

当 $CR < 0.1$ 时，即认为判断矩阵具有满意的一致性，说明权数分配是合理的。

根据计算，把各项指标的权数列入表 3-5 中。

表 3-5 各评价指标的权数汇总

指标分类	指标	权数	标准值
指标 A₁ 经济发展 0.3030	人均国内生产总值（美元）	0.5083	3000 以上
	非农产业产值占 GDP 的比重（%）	0.1512	85 以上
	对外贸易依存度（%）	0.0752	35 以上
	高技术产业产值占 GDP 的比重（%）	0.2653	25 以上
A₂ 科技水平 0.2868	研究与开发经费占 GDP 的比重（%）	0.7500	1.5 以上
	科技进步贡献率（%）	0.2500	55 以上
A₃ 信息化水平 0.0515	信息产业产值占 GDP 的比重（%）	0.8333	30 以上
	电话普及率（部/百人）	0.1667	50 以上
A₄ 城市化水平 0.0939	城镇人口占总人口的比重（%）	1	60 以上
A₅ 生态化水平 0.0939	大气环境质量达标率（%）	0.4286	80 以上
	地面水水质达标率（%）	0.4286	90 以上
	生活垃圾处理率（%）	0.1429	80 以上
A₆ 生活水平 0.1710	恩格尔系数（%）	0.1735	35 以下
	养老保险覆盖率（%）	0.2842	95 以上
	失业保险覆盖率（%）	0.2842	95 以上
	高等教育毛入学率（%）	0.1194	45 以上
	平均预期寿命（%）	0.0822	72 以上

3. 建立模糊相似矩阵进行检验

由于我国县域工业发展具有明显的区域性，但这种区域性也是相对的，具有与其他县域过渡的模糊性。因此，采用模糊聚类分析法对我国县域工业可持续发展水平进行分类比较符合实际；另外可以对以上建立的指标体系和由此得出的评价结果进行检验。

根据计算和分析得，$F > F_{0.05}$（$r-1$，$31-r$），说明类与类之间的差异是显著的。

第四节　宜城市工业可持续发展水平具体评价

按照上述设计的包含科技水平、信息化水平、生态化水平等的指标体系及评价方法进行评价可知，宜城市工业化水平尚处在以工业技术的引进、产业结构的形成和人口素质的改善为主要标志的工业化初始阶段，可持续发展水平中等偏下（见表3-6）。

表3-6　宜城市工业可持续发展水平评价

地区	Z_1	Z_2	Z_3	Z_4	Z_5	Z_6
宜城	0.3707	0.2966	-0.0671	0.2309	0.0530	0.2083

资料来源：根据相关数据计算整理。

1. 从工业发展特征角度分析

世界各个国家和地区的工业发展证明，工业发展都要经历从农业占社会总体经济为主逐步转向工业占社会总体经济为主，再向服务业占社会总体经济为主的过程；工业化阶段呈现从劳动密集型逐步向资本和技术密集型过渡的特征。在工业化前期阶段，产业结构一般呈现轻型结构特征，轻纺工业在整个工业经济中占据主导作用；工业化进入中期阶段，产业结构特征明显地呈现出重化工工业的比率加大，机械、电力、钢铁、化工等资本密集型、劳动密集型产业起着主导作用；工业化进入后期阶段，以高新技术为主的信息产业、电子工业、新兴产业等知识密集型产业迅速发展，整个产业结构特征高加工度化的趋势越来越明显。

宜城市工业发展的情况存在很大的普遍性，像我国大多数城市工业建立一样，由国家计划体制决定了发展方式，靠政府推动，实行单一公有制，以指令性计划生产和销售，忽视市场机制的作用，强调高速度；产业结构上优先发展重工业，排斥城市化，以高消耗资源、粗放型发展产业。在"一五"时期直接跳过了以轻工业为主导工业的发展阶段，进入重化工业阶段，产业表现为：第一，工业发展初期的轻工业相对薄弱，轻工业占工业总量的比重较低；第二，工业发展中期的重化工工业也达到一定水平和规模，产生高产值、高速度、高成本、高消耗、低质量、低效益的局面，并且企业的生产技术和设备面临老化；第三，工业发展后期的以电子信息产业为代表的高新技术产业刚刚起步，还没有对宜城市工业产业产生明显的提升和改造作用；第四，资金密集型产业与劳动密集型产业同步发展；第五，农业依然比重过大，服务业发展相对缓慢，与工业发展水平不相适应。

2. 从宜城市工业企业特征分析

（1）宜城市工业企业经营效益普遍偏低，企业产品和市场竞争力较弱。宜城市大多数工业企业，多集中于劳动密集型产业，技术含量不高，企业粗放经营特征明显。其采用的都是比较传统的生产和加工工艺，生产手段和方法落后，企业之间各自为政，没有统一的生产标准，缺少行业内的紧密交流和联系。在工业行业中，大中型企业数量极少，小型企业、超小型企业占据了绝大多数；小型企业、超小型企业与大企业之间更是缺乏必要的交流和联系，更别说相互之间形成产业链条和专业化分工。可以说，绝大多数的乡镇工业企业缺乏现代化生产的必备条件。现代化生产的基本要求就是专业化的分工协作，标准化、专业化生产，以先进的设备和工艺替代落后的设备和工艺。而目前宜城市工业企业，不仅产业集中度偏低，而且非标准化、非协作化生产和加工占据企业生产活动的大多数。由于企业加工生产的随意性和无组织性，自我设置了一道来自产业内部的分工协作的障碍。这样的状态造成培育熟练工人和产业工人群体非常困难，工业企业经营运作中的成本居高不下，劳动生产率长期低下。产业集中度低，产业要素不能合理流动，导致产业资源利用效率低下，宜城市地方工业经济陷入高消耗、低效益、高投入、低产出的恶性循环。

调查表明，宜城市工业企业科技开发费用的技术引进费占企业销售收入比重为 0.17%，与全国工业企业技术引进费占企业销售收入 1%、发达国家工业企业技术引进费占企业销售收入 5% 相比，其间的差距是相当大的。工业中旧的、技术含量低的传统产业比重大，中高级技术产业少。绝大多数企业生产技术落后，技术人员严重缺乏，这些是宜城市工业企业产品和企业核心竞争力差的根本原因。工业产品市场竞争力弱，经济效益差，利润低，工业运行整体质量不高，且浪费了大量的资源，有的对环境造成了严重的破坏。这样的发展路径，显然难以适应国际国内现代企业竞争的要求，必然会在激烈的市场竞争中被淘汰。现实中很多地方特色工业的衰败，就是明证。因此，必须大力支持宜城市工业企业对传统工业的升级改造，提高科技开发经费占销售收入的比重，依靠科技进步，提升宜城市工业企业的竞争力和盈利水平。

（2）周边地区工业发展不平衡，各区域工业可持续发展能力差异显著。由于地理环境、资源禀赋、人文传统等方面的差异，宜城市周边地区的县市工业化水平差异显著。越是工业发达的县市，如钟祥市，其工业发展势头越足；而越是不发达的县市，如保康县，其工业发展后劲就越不足，甚至出现发展不可持续的特征。宜城市相对于周边县市，工业化进程偏缓慢，人均收入不高。这种工业化差距如果任其扩大，将造成地区之间不公越来越严重，最终演化成为本地区严重的社会问题。另外，若本区域内人们没有更好的致富途径，就会向大自然粗暴索取，过量开采发掘自然资源，盲目引进污染企业，造成庄稼枯死、河流污染、居民中毒，生态环境受到很大破坏，从而破坏区域经济社会的和谐发展。

（3）企业管理水平较低。宜城市传统小企业在企业总体数量中占大部分，加之管理者绝大多数是农民出身，缺乏高等教育和现代工业管理知识。这些企业老板，在管理中普遍采用"计划式""小作坊式""家族式"管理，现代企业制度要求的成本管理、财务管理、销售管理、人力管理、生产管理、技术管理缺乏，人力资源转化成人力资本缺乏制度上的支撑。

（4）宜城市工业缺乏科学合理的统一布局和规划。至20世纪90年代，宜城市工业布局非常分散，几乎每个镇、每个乡、每个村都办有规模不等，甚至小作坊式的加工企业。为了改变这一格局，宜城市政府自2000年起，大力倡导产业整合，不符合规定及标准的关、停、并、转，兴办工业园区，新办的企业一般都要落在工业园区内，大大改变了乡镇、村办企业分布散乱的状况，获得了显著的成绩。但值得注意的是，一个新的不利情况同时产生，许多地理位置偏僻、交通闭塞、基础设施落后、农业还占据绝对地位的乡镇，在"以工业振兴家乡"的口号下纷纷设置工业园区，圈占农业耕地，投入不少资金和资源，上马工业园区，结果园区建设得极端简陋。例如，有一个乡，仅仅就是马马虎虎平出一块土地，上面什么也没有，更别说通水、通电了，就跑到外面招商引资，结果可想而知，除了留下一个笑话，一无所得。有的是有园区无企业，或是只有少数孤零零的企业。这种乡镇级、村级工业小区重复建设和分散布局，造成土地资源和资金的极大浪费，既产生不了产业集群效应，也不利于工业污染治理和城镇化建设，并且各乡镇工业区为了争抢项目，在招商引资上，目标缺失，手段缺乏，除了竞相压低土地出让价，就是在税收减免上攀比，结果往往导致恶性竞争，国有资产流失，大家都没得到利益。旧的分散布局还没有得到有效根除，新的分散布局就初现端倪，此外，过多设立工业园区，将会导致工业企业分布零散，不能有效地向重点城镇集中。

（5）社会软资源的流失。自然资源和人文资源是工业化生产要素重要组成部分，尤其是后者对工业化至关重要，县域人文资源在历史上一直相对较弱，是县域工业化的制约因素。令人担忧的是，宜城市本已不足的人文资源还在进一步流失。一是社会各种人才的流失。宜城市本身普遍存在人才总量不足，结构不合理，各种行业的紧缺人才外流严重等现象，尤其缺乏各个产业的专业技术人才。工业亦不例外，专业技术人才的缺乏，导致企业工业产品附加价值难以提高，甚至熟练工人也经常出现短缺，这对企业稳定生产造成很不利的影响。二是企业资金的流失。资金本身的逐利性和风险规避性，导致了宜城市工业企业发展资金的严重流失。宜城市金融机构吸收的资金大量投向周边的钟祥市、襄阳市等大中城市，自身工业发展最缺乏的资金正源源不断地流走，如同工业这个系统的血液正在被源源不断地抽离。说到底，还是宜城市工业企业规模不大，产品在市场上竞争力弱，难以满足市场的需求，企业自有技术匮乏，被竞争对手牵着鼻子走，抗风险能力差。而这些又导致企业很难获得商业银行的贷款支持。

（6）产业市场定位模糊。经过多年的发展，宜城市逐步由资源开采、农业、农产品加工、木材加工等向新兴建材、纺织印染、精细化工等行业进军。虽然总体上宜城市产业层次有所提高，工业结构呈现出集中化、高度化趋势，但产业层次依然较低，即科技含量高、产品附加值高的行业还很少。本市工业与周边较大城市工业的分工并不明显。相似系数是衡量产业结构相近程度的一种量化指标，其取值在0和1之间，数值越大则相似程度越高。对宜城市工业、全省工业行业和襄阳地区工业行业按照结构相似系数进行计算，结果显示，宜城市工业在全省工业体系中缺乏产业分工，没有形成互补的结构优势，在襄阳地区工业行业体系中分工也不明显。宜城市农村工业与周边城市工业基本上在类似的产业层面上进行生产和发展，造成产品结构同构、同质性相当强，对用地、原料、资金、专业技术人才等生产要素和市场的争夺十分激烈，形成一种恶性竞争，致使宜城市工业企业成本上升，经济效益普遍下降。宜城市工业结构没有自己的明显特色，没有明显分工，重复投资、重复建厂现象比较普遍。此外，宜城市工业企业组织结构不合理，经营管理水平低，企业规模小，实力弱，缺少上规模的大企业、大集团。

（7）宜城市工业企业科技研发投入过低，不足以支撑工业的可持续发展。一是宜城市工业企业间科技研发投入水平参差不齐。二是科技研发的投入主要是用于扩大企业生产规模，而用于新产品开发、生产加工工艺改进和生产节能降耗的投入非常少。三是缺乏企业发展资金和缺乏企业经营、管理、专业技术等各种人才。四是企业拥有自主知识产权开发、生产产品的技术水平过低，难以满足市场上日新月异的变化，况且企业产品的产销规模也不大。宜城市企业科研项目整体水平不高，设备老化，严重制约宜城市中小型企业的可持续发展。

工业化过程是一个持久的、不断进步的过程。一个地区工业的可持续发展越来越取决于这个地区的企业持续不断的技术和管理的创新，而企业研究工作与发展经费投入强度的大小，拥有自有知识产权的技术程度高低，决定着地区工业技术的发展水平。2006 年宜城市规模以上工业企业研究开发经费投入为 1901 万元，同期企业在产品广告上投入市场的费用为 3969 万元[①]，两者相比，企业研究开发投入还不到广告市场支出的一半。按照现在国际通用的标准，技术开发经费占销售收入 5% 以上的企业在市场上才有竞争力，2% 以上的企业才能维持生存。若依此标准衡量，宜城市规模以上工业企业技术开发经费占销售收入的比重只有 0.17%，离 2% 维持生存的标准都很远。宜城市工业企业每万元销售收入中，有 33.9 元用于广告支出，16.2 元用于研发投入。这说明目前宜城市工业企业主要是靠引进设备和技术求生存和发展，而自主性投入技术研发的能力还很不足，企业核心竞争力弱，这或许就是宜城市工业企业可持续发展最大的企业内在制约因素。宜城市工业总产值中新产品产值的比例仅为 0.94%，而同期全国规模以上工业企业该比值为 11.9%，相差甚远。再次充分说明了工业企业研发投入的不足，宜城市少数拥有研发中心的企业，来往很少，不能互通有无，无法进行技术共享，无法形成合力去攻克行业的公共或关键技术难题，许多企业只能模仿生产市场上的类似产品，产品和企业发展没有后劲可言。更令人担忧的是，若按经济类型划分，宜城市国有企业、集体企业、股份制企业、民营企业及其他类型企业研发

---

① 数据来源：宜城市人民政府门户网站，http://www.ych.gov.cn/。

投入占销售收入的比重都低于全省县域工业企业平均数，所有内资企业研发投入占销售收入比值只有 0.08%，大大低于"三资"经济 0.21% 的比值。这种状况若不改变，将不利于本地企业应用新技术来促进生产节能降耗和降低污染，也不利于提高产品质量和经济效益，提高企业的核心竞争力，从而影响自有工业的可持续发展能力。

（8）宜城市产业结构调整尚未取得突破性进展。主要表现在：一是农业产业化经营只是开始启动，还未形成规模，农业仍占宜城市经济主体，产业化经营产值占总产值的比重还很低；二是传统工业仍然占据了宜城市工业的主体，附加值低、产品链短，产品销售半径小，产品竞争力不强，整体经济效益不高，传统产业与新兴产业发展不协调；三是第三产业发展滞后，还不能有效服务于第一和第二产业，三个产业间配套性差，没有形成相互促进、共同发展的局面。宜城市工业经济还存在产业结构趋同、重复建设较多、与农业产业化结合不紧密、行业竞争乱、产品趋同、结构单一等有待改进的地方，若任其发展，会使得企业抵御市场风险的能力弱化，企业之间互相压价倾销，最终伤害到整个宜城市的工业，导致整个工业产业的倒退。

第五节 宜城市工业可持续发展影响因素分析

宜城市工业可持续发展的影响因素主要表现在以下几个方面。

1. 自然资源因素

不同的县自然资源状况差异很大。基本一致的看法是，县域有什么样的自然资源条件，就应发展什么样的工业，这是县工业发展的地域性特点决定的。在充分利用本地自然资源基础上，发展显示地域优势的地方特色县域工业。对于县域的集镇、乡村工业来说，在选择发展项目上，要侧重选办城镇工业难做或不愿做的。宜城市的城镇工业，一般是以利用本地原料为主的部门或行业。应该指出，县域自然资源成为县域工业发展的制约因素，但不能认死理，如宜城市工业中以万众、楚天、富亿、雅新为龙头的纺织服装产业集群网络规模企业有11家，产值达7亿元。床单、毛巾、服装等产品远销东盟、欧美、日韩、非洲等60多个国家和地区，产品在国内外很有市场，其原料就不是全部来自本地。

2. 宜城市工业基础因素

从历史和现实来看，宜城市一直是农业大县，工业发展先天不足，工业基础比较薄弱，主要表现在：企业技术装备和工艺落后，有不少企业用的还是20世纪70年代的设备；科技含量低，产品在市场上竞争力弱，获利能力差；从业人员平均受教育年限低，法制观念、环保意识淡薄，接受新技术能力较差，综合素质不高；经营管理水平低下，盲目性、粗放型经营较多；工业企业普遍规模小，大部分企业年产值在百万元徘徊，上千万元的工业企业少；一般产品、初级产品多，优质产品特别是高利润、高附加值的下游产品或终端产品少，工业发展滞后，企业发展困难重重。

一般来说，宜城市大多数工业企业的生产技术管理水平是落后的，企业的竞争优势大多建立在低成本、低价格之上。这些企业之所以还能够经营下去，主要是因为利用了当地低廉的原料和劳动力，产品能在周边工业品市场上占有一定份额。但是，这种状况是不可能持久的。因此，宜城市工业技术水平需要提高，工业企业需要进行技术改造，即有步骤地改革和更新机器设备和装备；改革生产工艺和操作方法；节约和综合利用原材料、能源，采用新型材料和代用品；改善生产条件等。如果不从根本上对宜城市落后的工业技术进行改造，宜城市工业经济不可能快速高效地发展。

3. 科技因素

科学技术是推动社会生产力发展的首要力量。人们通过不断创新技术，甚至通过技术的重大革命来促进产业创新和产业革命，使产业结构不断优化升级。科学技术在工业发展中发挥着极其重要的作用，如提高资源利用率、降低工业生产能源消耗、世界范围内替代能源开发、工业污染物减排和废弃物资源转化等。县域工业可持续发展当然离不开科学技术的支撑，不论是发展技术含量高的新型产业，如电子产业、信息产业、资源再利用产业和环保产业，还是改造技术含量低的高消耗传统产业，实现传统产业向绿色生态、循环经济的转型，都必须依靠科技进步。目前，宜城市工业综合技术水平还较落后，很多企业的生产设备还是20世纪七八十年代的产品。企业创新主体地位还不突出，自主创新能力较弱，科技开发能力较低，高技术产业在整个宜城市经济中所占的比例还较低，科技研发实力不强，专业科技人才，尤其是优秀拔尖人才流失和匮乏，拥有自主知识产权的技术、产品匮乏。产品在市场上更新换代慢、科技含量低，不能很好地满足消费者不断变化的需求，产品在市场上缺乏竞争力，企业缺乏可持续发展后劲，科技投入严重不足，技术服务体系不健全。宜城市要充分认识到科学技术在实际的生产活动中的作用——能够创造新产品、新工艺、新方法、新工具，直接推动宜城市产业的变革，从而推动宜城市工业化进程。宜城市要加快调整经济结构，转变经济发展方式，适应现代社会经济发展要求。

4. 宜城市工业内部结构因素

由于历史原因，宜城市不仅内部企业类似，而且产业结构与周边城市趋同，向市场提供的产品结构亦趋同。政府作为投资主体，到北京、到省里、到全国各个地区争投资、争项目，为宜城市工业埋下了产业趋同、产品趋同的隐患。宜城市产业结构趋同、产业结构不合理的矛盾主要表现为：以消耗资源、原料为特征的产业多，占总体的比例高，产业科技含量低。重复项目多，产业规模效益差。如果按照市场经济"优胜劣汰"的竞争法则，这些绝大部分依靠简单模仿、重复建设的低效企业，必然面临被淘汰出局的严峻局面。就是这一部分企业，使宜城市工业亏损逐年加大，进而影响整个工业经济的效益水平。

没有合理的内部工业结构，就不可能有宜城市工业经济的健康发展。一般来说，区域经济学的理论表示，城市工业内部结构对县域城镇工业内部结构起着引导、辐射的作用，县域城镇工业内部结构会逐步向城市工业内部结构演进，农村工业内部结构比较简单，它又受到城镇工业内部结构的影响。从宜城市的情况看，其工业内部结构既有历史原因形成的重工业，又有轻工业。可以肯定的是，由于劳动力资源丰富和价格低廉、资本稀缺、生产技术水平低于周边城市等因素，轻工业在宜城市工业内部所占比重会逐步增大。在探明矿产资源，技术水平、原材料供应有保证的情况下，宜城市可以适度开发一些重工业型企业。具体的做法是，在轻工业内部利用本地农产品原料进行深加工，达到提高商品附加值的目的。在重工业确定少数重点项目，由主导部门或主导项目带动各相关部门或相关项目渐进式发展。宜城市工业内部结构是否合理，是影响宜城市工业经济可持续发展的重要因素。

5. 产品市场因素

产品的市场状况是影响宜城市工业经济发展的重要因素。由于周边城市工业经济的发展，加上周边城市经济发展水平相对高于宜城市，其产品质量高而成本低，具有比较优势，从而源源不断地进入宜城市工业消费品市场。对宜城市工业产品来说，这有一个本地市场竞争问题，就要求宜城市企业在做好工业消费品市场细分的前提下，搞好工业产品的市场定位问题，宜城市工业生产要尽力占据生产资料市场。没有市场的工业生产是不可靠的，宜城市工业生产的发展必须要有广阔的市场空间作为依托和保障。因此，从长远发展看，宜城市工业产品应积极地向更加广阔的国内外市场开拓。

6. 资金因素

资本作为经济发展中的重要生产要素，在区域间的配置和流动是影响区域经济发展的一个关键因素。资本是追逐最大回报的，市场化导向的资本运作不利于资本向县域工业流动。资本选择性地向边际利益回报高的城市工业流动，县域工业经济的低效率减少了资本的利润空间。

雪上加霜的是，县域本身的积累性资金还在严重外流。一是邮政储蓄在转存回报率较高的刺激下，存款规模迅速膨胀，大量的农村闲置资金以邮政储蓄的形式流向中大型城市。二是国有商业银行的现有网点将资金上存，在很大程度上成为上级银行的"储蓄所"。三是农村信用社开始转移贷款对象。从存款的安全性考虑，农民更愿意相信国有商业银行，而信用社的政策性亏损又无法弥补，信用社保值储蓄的保值部分不能像国有商业银行一样由财政负担，造成信用社的不良资产高于四大国有商业银行。因此，信用社只有在保证资金安全的前提下从城市寻求高回报。

资金是工业的血液，宜城市工业发展中棘手的问题是缺乏资金。宜城市金融机构吸收的资金集中投向周边中等城市如襄阳市，宜城市工业缺乏的资金正源源不断地流失，宜城市国有银行商业化改革后信贷政策全面收紧。尤其是宜城市工业企业规模小，产品竞争力弱，实力有限，抵押担保难，信用等级较低，企业抗风险能力差，加上缺乏专门为中小企业提供服务的专业化信贷部门，相应的借贷能力也差，很难得到金融部门的支持。宜城市四大国有商业银行调整发展战略，向周边中心城市收紧战线，而农村信用社和县级城市信用社的发展未能及时补缺到位，加上要撤销的分支机构很多，造成宜城市间接融资网络出现服务"真空"，宜城市的企业只好到周边中心城市去申请贷款，这种申请审批时间长、程序复杂。

宜城市工业企业融资渠道少、融资困难的现象已经发展成为一种普遍现象，很多中小企业只能借助于有限的内部资金以及通过社会筹集等方式融资，且其中有很多手段得不到法律的保护。宜城市经济发展中的担保体系也不完善，有的形同虚设，无法满足需求。另外，由于宜城市的区位优势、经济基础、投资环境不如大中城市，其在激烈的招商引资竞争中往往处于劣势，难以吸引和留住外商。

7. 人力资源的因素

人力资本既是区域社会经济发展的生产要素，又是影响区域经济差距的因素。宜城市存在大量劳动力，近乎无限供给的农村剩余劳动力随时能够转移到工业产业，因而宜城市工业发展具有丰富的劳动力资源。但宜城市劳动力平均受教育年限低，法制观念、环保意识淡薄，接受新技术的能力较差，统计资料表明，宜城市农村人口接受过初等教育的比例仅为 23.7%。历史实践证明，任何工业化国家和地区都是在劳动力由农业产业向非农产业转移的过程中走向现代化的。在我国城乡二元体制结构分割的情况下，在农村，价格极低的剩余劳动力滞留于土地，体现着劳动力替代资本的低水平意义上的均衡，而诞生于 20 世纪改革初期的农村家庭承包经营责任制及其分散的小规模经营，从制度和生产组织上保持着这种均衡。宜城市现有农村劳动力 50 余万人，其中，乡镇县城企业吸纳 10 余万人，外出打工 10 余万人。无论从什么口径计算，农村仍然滞留 30 余万剩余劳动力。与此同时，我国宏观层面上的劳动力供给大于需求的非均衡状况正进一步加剧，理论上说，不同层面劳动力供给的叠加会增大农村剩余劳动力的就业压力。农村剩余劳动力自身较低的综合素质也成为其向县域工业转移的障碍。在经济结构调整时期导致的失业，主要是劳动力不能适应信息化和工业化并行的产业结构升级和新兴产业发展对劳动力素质的要求所造成的结构性失业。提高劳动力素质短期内又受到宏观体制改革进程的制约，人力资本投资的滞后效应不能满足工业化的市场需求。

农村劳动力是宜城市工业企业职工的主要构成，因而造成宜城市工业技术人才严重缺乏，另外由于宜城市教育事业发展缓慢，从政府宏观管理部门到企业，真正懂工业经济的人很少。同时，由于宜城市经济较为落后和工业生产条件不高，工程技术人员生活待遇低或难以发挥作用，加之企业规模小，产品技术含量低，企业不太愿意花代价引进人才，一些企业的工业技术人员流入了周围城市，企业无法进行技术创新、管理创新和实现产业产品升级。可以说，宜城市工业经济的发展，从根本上说，是对宜城市工业技术人才在质量和数量上的拥有。因此，宜城市工业人才因素将是制约宜城市工业经济可持续发展的根本因素。

8. 企业的生产要素因素

2003 年以来，国家清理整顿工业园区，冻结征用土地，这对企业发展的制约非常明显。在宜城市工业园区，新上和扩建项目的企业实际上陷入了进退两难的境地。若开工建设，就是未批先建，属违反《土地法》的行为；若不开工建设，则严重影响企业发展。同时，一批亟须征地投资的企业无法投资，园区发展受到遏制且丧失商机。

9. 城市圈中作为中心城市襄阳市的辐射和带动因素

中心城市是区域经济的中心，是工业化的依托。对于县域工业化而言，现代工业的技术、管理、设备等生产要素均来自城市大工业。一般来说，城市规模越大，对周边县域工业的辐射越强。宜城市是襄阳市所属县市。襄阳市对所属各县市设计了统一的区位功能分工规划，但各个县市之间的区域竞争比较明显，产业项目有诸多雷同之处。再者襄阳地区优势产业链尚未形成，结构调整不够，缺乏引领未来的战略性支柱产业。无序竞争阻碍了生产要素合理的配置，城镇功能拓展不够，城市公共服务滞后制约了城镇扩容和质量提高。最后襄阳市作为地区的增长极，理应起到工业发动机的作用，但其自身的发展也较慢，发动作用明显不足，导致整个区域的工业发展后劲不足。

第六节　本章小结

本章首先介绍了宜城市的自然和经济概况，研究了县域工业可持续发展水平评价体系的构建。本章按照新型工业化的内在要求设计出由经济发展能力、科技进步能力、人力资源效益能力、资源利用能力、环境容量能力5个一级指标和县域总体经济规模、县域工业企业经济效益等12个二级指标构成的评价区域工业可持续发展水平的指标体系。其次用层次分析法定权重，建立模糊矩阵进行检验，得出类与类之间的差异是显著的。最后利用该模型对宜城市工业可持续发展进行具体评价与分析，指出了宜城市工业可持续发展影响因素，其中包括：自然资源的约束；工业基础限制；土地流转制度的效果制约；思想认识的制约；内部结构不尽合理；产品市场状况的制约；企业发展资金限制；人力资源的制约；企业发展用地问题；企业负担问题和中心城市带动作用不足等。

第四章　宜城市工业可持续发展环境竞争力、发展战略和发展模式选择

第一节　宜城市工业可持续发展环境竞争力分析

依据上文对宜城市工业可持续发展影响因素的分析及宜城市工业化的发展水平，综合应用本书提出的区域工业可持续发展理论、县域工业可持续发展水平评价，结合县域工业可持续发展的原则，构建县域工业可持续发展环境竞争力评价模型，对宜城市与湖北省其他典型县市工业可持续发展环境竞争力进行比较分析，提出宜城市工业可持续发展战略和发展模式选择。

一、评价指标体系和方法

1. 湖北省县域工业可持续发展环境评价指标体系

依据科学性原则、系统性原则、层次性原则、动态性原则等，本书选取了 7 大类，18 小类，共 44 个指标构成了湖北省县域工业可持续发展环境竞争力评价指标体系。这一指标体系结合了湖北省县域的地域特点、基础设施、经济发展水平等。比较全面地反映了湖北省各

县（市、区）的竞争力的基本状况。这一指标体系包括：第一，县域自然和基础设施条件，主要包括了区位优势、邮电通信和农村用电等方面，涵盖了3个评价指标，用以反映县域交通的通达性，以及邮电通信和电力供应方面的基本能力。第二，县域经济基础与活力。主要包括了县域经济发展水平、县域经济活力与效益两方面，涵盖了9个评价指标，用以反映县域经济发展的现实水平以及县域经济的活力及产生的经济效益。第三，县域产业竞争力水平。主要包括了县域产业规模、县域产业发展和县域产业结构3个方面，涵盖了9个评价指标，用以反映县域三大产业规模增长率以及县域三大产业生产值占县域经济总产值的比重。第四，县域企业市场竞争力水平。主要包括了县域企业创收能力、县域工业化程度和县域企业活力3个方面，涵盖了6个评价指标，用以反映县域企业的创收能力和活力以及县城工业化程度。第五，县域商务环境。主要包括了县域劳动力就业与成本和县域金融服务绩效两个方面，涵盖了6个评价指标，用以反映城镇劳动力就业指数、成本指数以及县域金融机构在金融方面的服务绩效。第六，县域市场环境状态。主要包括了县域农村市场活力、城镇市场潜力和县域市场综合活力3个方面，涵盖了4个评价指标，用以反映城乡居民消费水平和购买能力。第七，县域信用环境。主要包括了县域政府信用和社会信用两个方面，涵盖了7个评价指标，用以反映政府的财政状况、办事能力以及县域城市化水平等（见表4-1）。

2. 湖北省区域工业可持续发展环境竞争力评价模型

采用主成分分析法进行评价。首先构建原始指标矩阵，对原始指标进行标准化处理。其次求解协方差阵，计算出协方差阵的特征向量以及方差贡献率。根据累计方差贡献率确定主因子数，计算第K个因子的载荷①。由因子载荷矩阵和标准化后的指标值加权平均，计算得出县域工业可持续发展环境竞争力的综合得分，并分别计算各子类指标的得分值。通过 SPSS 软件②计算，将得出的评价结果进行归一，得出最终评价结果。

表 4 -1　湖北省县域工业可持续发展环境竞争力评价指标体系

评价项目	评价类别	指标体系
自然和基础条件	区位优势	交通通达性（定性）
	邮电通信	人均邮电业务量（元）
	电力供应	农村用电量（万千瓦时）
经济实力与活力	经济发展水平	地区生产总值（万元）
		全社会固定资产投资（万元）
		全社会消费品零售总额（万元）
	经济活力与效益	总资产贡献率（%）
		资本保值增值率（%）
		固定资产投资增长率（%）
		流动资产周转率（%）
		成本费用利用率（%）
		产品销售率（%）
产业竞争力	产业规模	第一产业生产总值（万元）
		第二产业生产总值（万元）
		第三产业生产总值（万元）
	产业发展	第一产业生产总值增长率（%）
		第二产业生产总值增长率（%）
		第三产业生产总值增长率（%）

---

①　统计学术语称作权，心理学家将它叫作载荷，即第 i 个变量在第 j 个公共因子上的负荷，它反映了第 i 个变量在第 j 个公共因子上的相对重要性。

②　英文 "Statistical Product and Service Solutions" 的缩写，即 "统计产品与服务解决方案" 软件。

续表

评价项目	评价类别	指标体系
产业竞争力	产业结构	第一产业比重（％）
		第二产业比重（％）
		第三产业比重（％）
企业竞争力	企业创收能力	企业税收总额（万元）
		企业利润总额（万元）
		产品销售收入（万元）
	工业化程度	规模以上工业销售总值（万元）
		规模以上工业总产值（万元）
	企业活力	资产负债率（％）
商务环境	劳动力就业与成本	城镇劳动力就业指数
		劳动力成本指数
	金融服务绩效	金融机构存款年末余额（万元）
		金融机构贷款年末余额（万元）
		城乡居民储蓄存款年末金额（万元）
		金融机构存贷比（％）
市场环境	农村市场活力	农村居民人均纯收入（元）
		农村居民人均生活费支出（元）
	城镇市场潜力	城镇居民人均可支配收入（元）
	市场综合活力	人均社会消费品零售总额（元）
信用环境	政府信用	地方财政收入总额（万元）
		地方财政支出总额（万元）
		人均财政收入（元）
		人均财政支出（元）
		是否是扩权县市
	社会信用	人口增长率（％）
		城市化率（％）

资料来源：根据邓宏兵主编《湖北省投资环境蓝皮书（2007）》整理。

二、评价结果和分析

通过主成分分析法得出 2007 年、2015 年湖北省区域工业可持续发展环境竞争力评价结果，按总得分分别取前 19 名和宜城市（见表4-2、表4-3）。

表4-2　2007 年湖北省区域工业可持续发展环境竞争力评价结果

综合排名	县市区	综合评分值	基础条件评分值	经济实力与活力评分值	产业竞争力评分值	企业竞争力评分值	商务环境评分值	市场环境评分值	社会环境评分值
1	潜江市	100.00	84.06	87.94	89.46	100.00	100.00	81.03	100.00
2	仙桃市	79.71	92.45	100.00	92.87	58.91	76.19	62.44	74.00
3	大冶市	79.04	94.60	74.80	100.00	53.29	64.80	72.41	82.77
4	黄陂区	66.09	100.00	87.36	71.49	34.73	53.75	76.99	64.40
5	天门市	65.83	81.16	92.48	89.29	45.09	72.20	65.04	65.24
6	曾都区	65.33	48.32	91.16	83.04	43.39	81.48	78.16	45.15
7	夷陵区	61.64	55.83	54.73	94.40	36.88	74.11	84.52	53.54
8	江夏市	61.04	89.87	70.42	76.78	40.03	60.82	100.00	60.91
9	汉川市	59.61	62.40	64.51	83.60	56.06	54.81	65.14	74.85
10	枝江市	55.07	57.17	65.73	87.14	37.09	53.66	87.68	67.24
11	宜都市	53.98	54.26	51.79	98.15	39.54	49.58	84.10	67.40
12	丹江口市	53.32	41.80	48.48	81.22	39.58	69.56	53.32	62.86
13	钟祥市	51.50	63.74	63.62	62.49	37.24	66.98	65.99	67.44
14	东宝市	50.93	54.93	50.40	83.18	35.94	55.24	95.66	36.03
15	襄阳区	50.07	60.92	74.47	72.93	30.63	51.56	53.51	43.36
16	赤壁市	47.52	58.49	45.70	84.32	41.44	48.03	75.37	65.82
17	阳新县	47.22	62.95	53.26	94.15	29.29	47.61	48.76	66.31
18	新洲区	46.50	80.09	69.75	70.10	25.72	47.21	43.83	59.82
19	孝南区	46.39	76.28	45.47	78.75	23.50	70.48	67.15	43.53
44	宜城市	36.19	41.48	37.35	28.03	23.32	51.93	43.89	35.85

资料来源：根据邓宏兵主编《湖北省投资环境蓝皮书（2007）》计算整理。

表4-3 2015年湖北省区域工业可持续发展环境竞争力评价结果

综合排名	县市区	综合评分值	基础条件评分值	经济实力与活力评分值	产业竞争力评分值	企业竞争力评分值	商务环境评分值	市场环境评分值	信用环境评分值
1	宜都市	100.00	36.80	100.00	55.76	48.77	59.37	89.16	60.00
2	江夏区	99.74	97.00	77.00	82.85	59.05	62.32	79.00	89.97
3	蔡甸市	99.18	83.61	66.18	54.60	38.88	39.91	78.81	92.68
4	黄陂区	83.43	71.96	76.38	81.28	31.26	37.59	68.57	92.72
5	东宝区	83.05	100.77	68.09	59.31	34.33	55.94	79.13	98.33
6	汉南区	81.64	74.71	47.43	77.46	65.43	30.09	86.76	87.96
7	华容区	81.33	37.28	53.57	73.99	49.76	56.87	80.87	39.75
8	枝江市	80.76	41.60	86.80	68.67	38.42	49.64	84.01	82.49
9	夷陵区	77.38	49.64	58.55	42.35	73.88	38.43	78.67	100.00
10	鄂城区	76.56	42.33	51.63	71.37	68.03	36.21	77.79	100.00
11	当阳市	75.79	37.69	76.93	55.00	38.65	48.96	64.58	52.06
12	大冶市	75.37	71.97	65.20	68.53	72.69	55.89	65.10	39.11
13	潜江市	74.69	54.54	64.43	70.24	99.06	70.59	59.12	51.47
14	曾都区	73.64	59.72	72.68	95.93	74.29	88.00	58.63	47.45
15	远安县	73.17	59.34	72.23	48.12	40.88	88.78	56.34	47.47
16	钟祥市	73.06	46.64	65.80	77.46	42.35	65.43	62.88	66.49
17	河口市	72.54	41.58	66.83	60.66	34.54	64.57	60.00	66.86
18	应城市	71.94	30.51	66.99	57.79	58.39	48.51	66.78	68.59
19	荆州区	71.84	92.58	56.83	54.39	57.93	39.89	33.72	68.83
21	宜城市	69.73	42.69	63.32	60.61	59.84	60.94	59.32	67.72

资料来源:根据邓宏兵主编《湖北省投资环境蓝皮书(2015)》计算整理。

上述2007年、2015年评价结果显示,虽然有些县市排名发生了变化,但仍可以看出,24个县级市(含3个直管市)中,有10个排在前20名之列,其中排在前10名的就有6个,且3个直管市在前10

名之内；12 个县改区中，有 7 个排在前 20 名之列，其中排在前 10 名的有 3 个；39 个县中，仅有两个县排在前 20 名之内。此外，32 个扩权县中，有 8 个排在前 20 名之列。总的来看，县级市（含 3 个直管市）和县改区在发展环境方面具有较强的竞争力，扩权县在发展环境竞争力方面有着明显的优势，而其他县在发展环境竞争力方面则相对较弱。

在上述区域工业可持续发展环境竞争和评价结果中，县级市具有明显的优势。从总量上来看，排名前 20 名的 10 个县级市占到了县级市总数的 31%，且占到排名总数的 47%，很显然，县级市在发展环境竞争力总量方面有绝对的优势。从分量来看，县级市主要在经济实力与活力、产业竞争力、企业竞争力和信用环境四个方面处在优势的地位，而在基础条件、商务环境和市场环境三个方面，与县改区（含武汉市辖区）相比，处于相对弱势地位。此外，从排名波段来看，在排名前 10 之列的 6 个县级市中，除了直管市外基本都是位于宜昌市。这充分说明区位条件对县级市的发展环境竞争力具有较大的影响。

相对于县级市而言，县改区的发展环境竞争力较弱，但是综合起来看县改区的发展环境竞争力还是比较强的。排名前 20 名的 7 个县改区占到了县改区总数的 58%，且占到排名总数的 31%。其发展环境竞争力在很大程度上受到了武汉市中心城区的辐射影响，但由于产业竞争力和企业竞争力等方面的弱势，影响到其总体排名位次。进入前 20 名的其他三个县改区分别是曾都区、东宝区和夷陵区。

扩权县的思路来源于江浙等地实施的一种政府财政体制改革政策，其核心内容就是通过扩大县一级政府的相关权力，以使县一级政府具有更大的自主权，从而提高县级政府的行政能力和县域经济的发展水平。湖北省从 2003 年开始批准扩权县，湖北省的扩权县占到（市/区）总数的 42%，排名前 20 名的 8 个扩权县，占到扩权县总数的 25%，且占到排名总数的 35%。可以看出，从总体水平上来说，湖北省的扩权县具有较强的环境竞争力。此外，前 20 名中不是扩权县的，除了远安县，其他的都是县改区（包括武汉市辖区）。湖北省为了解决县域经济活力不足的问题，从 2003 年 6 月批准扩权，陆续下放给扩权县市 200 多项管理权限，使扩权县市在经济和社会发展管理等方面，享有与省直管市相同的权限，这大大提高了扩权县的招商引资力度和经济发展速度。使其在投资环境竞争力方面得到极大的改善。由于地方对扩权县的精神落实不够、扩权力度不够、相关职能部门的协商不够等，部分扩权县的发展环境竞争力水平不高。由此可看出，扩权县还有很大潜力可以挖掘。

湖北省 39 个县占到整个县（市、区）的 51%，但从综合情况来看，排名前 20 名的 2 个县仅占到了县总数的 5.2%，且仅占到排名总数的 11%。从排名的波段来看，前 10 名没有 1 个县，11～20 名有 2 个县。进入前 20 名之列的县分别是：阳新县、远安县。阳新县位于长江中游南岸，交通便捷，且人口众多，土地面积广阔。而远安县的发展则是受到了宜昌整体经济发展的宏观背景的影响。总的来说，由于区位条件不佳，产业特征不明显等，湖北省普通区域工业可持续发展环境竞争力不具有优势。由此可以看出，一般县是湖北省县域经济发展的软肋。

1. 宜城市工业发展纵向比较①

近几年宜城市经济得到较快发展，产业规模扩张，发展步伐在加

---

① 数据来源：宜城市人民政府门户网站，http://www.ych.gov.cn/。

快，经济运作质量在提高。经济综合实力进一步增强。2011 年地区生产总值完成 150 亿元，与 2007 年相比，年均递增 48.6%。其中第一产业增加值完成 31.4 亿元，年均递增 22.8%；第二产业增加值完成 84.0 亿元，年均递增 84.9%；第三产业增加值完成 34.6 亿元，年均递增 31.9%。三次产业比重由 2007 年的 32.40：37.68：29.92 调整为 20.9：56.0：23.1。地方一般预算收入 66517 万元，年均递增 71.1%。

工业规模不断壮大。2011 年，宜城市规模以上工业完成增加值 270 亿元，与 2007 年比，年均增长 38.6%，快于第一产业的增长幅度 15.8 个百分点。工业经济增长的特色主要表现在：一是龙头企业发展较快。到 2011 年年底，市工业企业较 2007 年净增 30 家，达到 180 家，其中产值过 10 亿元的 2 家，超过 1 亿元的 34 家，分别比 2007 年增加 2 家和 25 家。二是支柱行业进一步壮大。2011 年，宜城市纺织、农副产品加工、化工、装备制造行业实现总产值 195.79 亿元，其中装备制造和新能源新材料产业从无到有，产值达到 15 亿元。三是企业盈利水平整体提高。2011 年宜城市规模以上工业企业实现销售收入过亿元，比 2007 年增长 174.8%，实现利税 18694 万元，增长 110.5%；实现销售收入过亿元的企业达 15 家，比 2007 年增加了 5 家，盈利企业较 2007 年增加了 47 家，经济效益综合指数 129.63，比 2003 年增加 26.66 个百分点。

服务业得到长足发展。2011 年第三产业总产值完成 34.6 亿元，比 2007 年增加 19.4 亿元，增长 59.5%；社会消费品零售额完成 60.3 亿元，比 2007 年增长 125%。中心农贸市场、商业广场、商业步行街、一阳国际精品街的建设及农村市场建设为第三产业发展搭建了良好的平台。超市、连锁店、量贩等新型商业模式取代了传统经营方式。餐饮业、社会服务业、文化信息产业等新型产业也迅速发展，成为经济发展的有生力量。

城市化发展步伐加快。宜城市城区面积由 2007 年的 13.7 平方千米扩大到 2011 年的 15.1 平方千米；城镇人口由 2007 年的 22.89 万人上升到 2011 年的 23.78 万人，城市化比率由 2007 年的 40.2% 提升到 2011 年的 40.5%，增加了 0.3 个百分点。

民营经济占据主导地位。宜城市不断深化产权制度改革，民营经济规模迅速壮大。到 2011 年年底，全市第二、第三产业民营经济增加值比重达 89.2%。在工业经济中民营经济占据主导地位。2011 年，全市民营工业企业完成增加值 26.9 亿元，占全部工业增加值的 97.8%；在固定资产投资中，民营经济投资占主体。2011 年，民营经济投资完成 23.1 亿元，占全社会固定资产投资的 68.9%。

社会投资取得显著成效。2011 年，全市完成社会固定资产投资 110.7 亿元，比 2007 年增长 591.8%，其中，投资额超过 5000 万元的企业有 3 个，过千万元的有 16 个。在投资结构中工业和房地产业占主体地位。其中，工业投资 53.61 亿元，占全社会投资额的 46.4%，房地产业投资 27.76 亿元，占全社会投资额的 11%（见表 4-4、表 4-5）。

表 4-4　2007—2011 年宜城市主要经济指标完成情况

指标 ＼ 年份	2007 年	2008 年	2009 年	2010 年	2011 年
地区生产总值（亿元）	50.9	63.3	83.0	113.0	150.0
第一产业（亿元）	16.4	18.7	22.9	30.3	31.4
第二产业（亿元）	19.1	25.3	36.0	48.7	84.0

续表

指标 \ 年份	2007 年	2008 年	2009 年	2010 年	2011 年
第三产业（亿元）	15.2	19.3	25.1	34.0	34.6
规模工业总产值（亿元）	10.6	15.9	103	167	270
全社会固定资产投资（亿元）	16.0	23.1	45.5	70.6	110.7
社会消费品零售总额（亿元）	26.8	33.5	42.2	51.8	60.3
地方一般预算收入（万元）	17289	20837	27863	40533	66517
外贸出口（亿元）	3479	5000	5742	6897	12103
农民人均纯收入（元）	4571	5518	6063	6900	8040

资料来源：根据宜城市发展和改革局、农业局等部门相关资料计算整理。

表 4－5　2007—2011 年宜城市主要经济指标增长幅度

指标 \ 年份	2007 年	2008 年	2009 年	2010 年	2011 年
地区生产总值（%）	15.5	24.3	31.1	36.1	32.7
第一产业（%）	3.9	14	22.4	32.3	3.6
第二产业（%）	26.7	32.4	42.2	35.2	72.4
第三产业（%）	15.1	26.9	30.0	35.4	1.0
规模工业总产值（%）	40.9	50	547.1	62.1	61.6
全社会固定资产投资（%）	44.1	44.3	96.9	55.1	48.3
社会消费品零售总额（%）	19.4	25.0	25.9	22.7	16.4
地方一般预算收入（%）	15.6	20.5	33.7	45.4	64.1
外贸出口（%）	30.9	43.7	14.8	20.1	75.4
农民人均纯收入（%）	22.3	20.7	9.8	13.8	16.5

资料来源：根据宜城市发展和改革局、农业局等部门相关资料计算整理。

2. 宜城市工业发展横向比较

（1）与全省 20 强县市比较。2007 年，全省县域经济评价的指标体系共分 7 大类，44 项指标。从 7 大类评价结果看，宜城市总分为 36.192 分，与第一名的宜都比，相差 27.947 分，比第 20 名的京山还少 10.933 分，与全省县域经济 20 强平均水平比，相差 17.671 分，在全省 76 个县（市、区）中，位居第 44 位，比 2006 年的 35 位，后退了 9 位，比 2005 年的第 37 位后退了 7 位。

宜城市经济发展相关指标与省前 20 强县比较如表 4-6~表 4-11 所示。

表 4-6　宜城市经济发展与省前 20 强县比较

单位	综合指数	经济总量	人均指标	结构指标	速度指标	后动指标	效益指标	环境指标
前 20 强平均水平	53.863	9.294	7.532	9.602	15.981	3.759	1.670	6.002
京山	47.125	6.833	5.966	8.878	13.946	2.737	1.445	7.320
宜城	36.192	4.606	5.252	7.060	13.689	0.952	0.559	4.074
与前 20 强平均水平比	-17.671	-4.688	-2.280	-2.542	-2.292	-2.807	-1.111	-1.928
与京山比	-10.933	-2.277	-0.714	-1.818	-0.257	-1.785	-0.886	-3.246

资料来源：根据相关资料计算整理。

从表 4-6 可以看出，宜城市在人均指标、速度指标上与京山县相差不远，比较接近，差距主要在于经济总量、结构指标、后动指标、效益指标和环境指标上。这说明宜城市的经济基础和容量在全省处在第三梯队，与大多数省域县市比较，有着较大差距。经济底子薄弱，经济总量不算高，仍然是一个不争的现实。

表 4 - 7　宜城市经济总量与省前 20 强县比较

单位	地区生产总值（亿元）	一般预算收入（万元）	社会消费品零售额（万元）	外贸出口（万美元）
前 20 强平均水平	111.07	33155	465162	5173
京山	81.69	19600	356716	6646
宜城	50.9	17289	268167	3479
与前 20 强平均水平比	-60.17	-15866	-196995	-1694
与京山比	-30.79	-2311	-88549	-3167

资料来源：根据相关资料计算整理。

从表 4 - 7 可以看出，宜城市的经济总量与先进县市相比，有很大差距。这说明宜城市经济总量在全省并不占优势。

表 4 - 8　宜城市人均指标及发展后劲与省前 20 强县比较

单位	人均指标人均生产总值（元）	人均指标人均一般预算收入（元）	人均指标农民人均纯收入（元）	后劲指标全社会固定资产投资（万元）	后劲指标实际利用外资（万美元）
前 20 强平均水平	15375	504.45	4707	477798	2319
京山	12776	294.29	4653	328861	2109
宜城	9017	337.68	4571	160439	610
与前 20 强平均水平比	-6358	-166.77	-136	-317359	-1709
与京山比	-3759	43.39	-82	-168422	-1499

资料来源：根据相关资料计算整理。

从表4-8可以看出，宜城市人均指标除人均地区生产总值与全省前20强有很大差距外，人均一般预算收入和农民人均纯收入已超过或接近前20强水平。在全省前20强中，有7个县市（曾都、仙桃、天门、钟祥、东宝、广水、京山）的人均一般预算收入低于宜城市，有6个县市（潜江、大冶、曾都、汉川、天门、广水）的农民人均纯收入低于宜城市。但与前20强相比，宜城市的发展后劲远远不足。固定资产投资不及前20强平均水平的一半，实际利用外资也只有相当于前20强平均水平的四分之一。

表4-9 宜城市增幅指标与省前20强县比较

单位	GDP增幅（%）	工业增幅（%）	一般预算收入增幅（%）	投资增幅（%）	农民收入增幅（%）	消费品零售增幅（%）	税收增幅（%）
前20强平均水平	15.22	22.78	30.32	34.1	15.58	18.86	34.17
京山	15.2	29.5	15.53	45.9	14.33	19.8	24.71
宜城	15.5	19.1	15.6	44.05	15.1	19.4	17.16
与前20强平均水平比	-0.28	-3.68	-14.72	9.95	-0.48	0.54	-17.01
与京山比	-0.3	-10.4	0.07	-1.85	0.77	-0.4	-7.55

资料来源：根据相关资料计算整理。

从表4-9可以看出，宜城市除了一般预算收入增幅和税收收入增幅与全省前20强有很大差距外，其他几项都接近或超过了全省前20强的平均水平，但可以看到，别的县是高基数上的增长，宜城市是低水平上的增长。

表 4 - 10   宜城市结构与效益指标与省前 20 强县比较

单位	非农业人口比重（%）	工业增加值占 GDP 比重（%）	三产增加值占 GDP 比重（%）	税收占预算收入比重（%）	工业经济效益综合指数（%）
前 20 强平均水平	67.41	37.64	34.60	66.87	202.61
京山	65.02	33.98	30.14	73.96	187.85
宜城	64.03	34.05	29.9	47.48	129.63
与前 20 强平均水平比	-3.38	-3.59	-4.7	-19.39	-72.98
与京山比	-0.99	0.07	-0.24	-26.48	-58.22

资料来源：根据相关资料计算整理。

从表 4 - 10 可以看出，宜城市的经济发展质量与全省 20 强的平均水平还有相当大的差距，特别是税收占预算收入的比重和工业经济效益综合指数，相距甚远，反映宜城市与前 20 强的实力还有不小的差距。

表 4 - 11   宜城市环境建设指标与省前 20 强县比较

单位	环境保护投资指数（%）	社会保障参保率（%）	各类安全事故损失占 GDP 比重（%）
前 20 强平均水平	2.51	91.15	0.141
京山	2.21	99.4	0.035
宜城	1.79	91.5	0.106
与前 20 强平均水平比	-0.72	0.35	-0.035
与京山比	-0.42	-7.9	0.071

资料来源：根据相关资料计算整理。

从表 4 - 11 可以看出，宜城市的环境建设指标与全省 20 强主要差距在环境保护投资上。

（2）与襄阳市域县市的比较。

宜城市经济发展相关指标与襄阳市域县市比较如表4－12、表4－13所示。

表4－12　宜城市经济发展总量指标与襄阳七县市县域经济发展总量比较

地区	GDP（亿元）	工业增加值（亿元）	全社会投资（亿元）	消费品零售额（亿元）	一般预算收入（万元）	外贸出口（万美元）	农民纯收入（元）
襄阳	126.38	12.49	31.67	33.19	17295	1451	4675
枣阳	97.48	11.22	25.21	45.05	23202	1273	4368
谷城	48.12	13.22	12.53	15.37	12650	584	3814
宜城	50.90	10.68	16.04	26.82	17289	3479	4571
南漳	39.73	3.90	13.20	15.16	7618	381	3750
河口	49.83	11.41	13.57	29.51	18602	597	4572
保康	18.82	2.90	10.70	9.30	8167	361	2550

资料来源：根据襄阳市统计局相关资料计算整理。

通过对表4－12分析可以看出，宜城市在襄阳7县市中，经济总量一直居中游水平，排襄阳、枣阳之后，与谷城、河口不相上下，随时都有赶超和被赶超的可能，2007年宜城市综合经济评价在7个县市中的排名较上年下降了1位，排在了谷城之后就是一个例子。

表4－13　宜城市增长速度指标与襄阳其他县市比较

地区	GDP（%）	工业增加值（%）	全社会投资（%）	消费品销售额（%）	一般预算收入（%）	外贸出口（%）	农民纯收入（%）
襄阳	12.10	48.60	44.10	20.00	20.10	26.06	1501
枣阳	15.60	74.10	32.60	20.47	10.40	25.42	15.80
谷城	16.40	49.40	35.30	19.50	15.20	－20.22	18.59

续表

地区	GDP（%）	工业增加值（%）	全社会投资（%）	消费品销售额（%）	一般预算收入（%）	外贸出口（%）	农民纯收入（%）
宜城	15.50	44.40	44.10	19.43	15.60	30.89	15.14
南漳	15.30	64.70	42.90	18.74	23.20	460.30	18.67
河口	14.00	25.00	45.20	18.20	10.00	25.68	15.22
保康	11.50	32.90	8.00	18.47	20.30	-2.43	18.88

资料来源：根据襄阳市统计局相关资料计算整理。

表4-13显示，宜城市县域经济发展速度，与周边的县市相比，除外贸出口保持了持续较快的增长速度外，其他几项如GDP、工业增加值、消费品销售额、一般预算收入、农民纯收入等增幅位次在襄阳均居中下游水平。

综合分析比较宜城市经济社会发展，发现其主要有以下几个方面特点：一是交通区位具有优势，但发展亟待借势。宜城市处在襄阳、荆门之间，一城托两市，境内拥有焦柳铁路、襄荆高速公路、207国道等，距襄阳机场仅40多千米，交通比较便利。但这些便利条件过去一直没得到很好利用，宜城市长期以来都是以种植业为主，其他产业也没有得到很好发展。二是农业基础好，但产业亟待提升。宜城市农业生产条件好，土质肥沃，气候适宜，水源充沛，是全国叫得响的"吨粮田""双百棉"市，是有名的"西瓜之乡""油料之乡"。但农业大而不强，就像一个大煎饼，很大却很薄。农产品加工增值率低，种植业占农业的比重60%左右，养殖业占30%左右。传统的种植业仍然是农民增收的主渠道，农业低效、农民增收缓慢的问题亟须解决。三是工业发展快、势头好，但大企业亟待培育。过去，宜城除东方化工厂、鄂西化工厂、大雁工业公司外，再没有其他大工厂或大企业，直到 2000 年引进燕京啤酒公司,工业经济结构才开始有所改观。但是,亿元以上企业不多,10 亿元以上企业几乎没有,上市企业没有、自身成长的名牌产品缺乏。四是文化底蕴比较深厚,但优势亟待转化。宜城历史悠久,文化底蕴深厚,是楚国故都、宋玉故里,楚文化的重要发祥地和张自忠将军殉国之地,但这些大都缺乏形象载体,无法向世人展示,丰厚的历史文化有听头无看头;宜城市现代化起步较好,它是全国"文化先进市、科普示范市",但文化没有很好地融入经济,文化价值没有得到充分体现。

一方面,宜城市经济社会取得了明显成绩,主要表现如下。一是发展的平台逐步搭建起来。通过城市建设、开发区建设、机关效能建设,尤其是通过连续举办国际铁人三项赛,十分显著地提升了宜城市的人气和名气,宜城市的城市形象、创业环境、服务功能越来越好,城市的吸引力、影响力越来越大,已连续两届荣获"全国最具投资潜力百强县市"称号。二是招商引资的效果逐渐显现出来。通过招商引资,到 2008 年年底,全市规模以上企业较 2003 年净增 45 家,达到了 80 多家。三是老企业扩产上档多了起来。2008 年规模以上企业有 30 多家扩产,2009 年又有十几家企业继续扩产,特别是万众纱业、雅心家纺、楚天化纤等企业,一次扩产,产能就增加一倍以上。四是经济发展速度快了起来。2008 年宜城市的 GDP 增长是 15.5%,规模以上工业产值增幅是 40.9%、增加值增长 34.4%,地方一般预算收入增长 15.6%,工商税收连续几年来,一直保持 20% 的增幅。[①] 随着一批批项目落户宜城,工业集聚度和产业集中度越来越明显,经济结构趋向合

---

① 数据来源:宜城市人民政府门户网站,http://www.ych.gov.cn/。

理，经济结构有望达到 30：40：30，整个经济呈现加速发展的良好趋势。五是部分民生问题得到了解决。宜城市的公务员收入提高到襄阳第二位，村干部工资实行了财政直达个人账户，农民人均纯收入继续位居襄阳前列；家用轿车、电脑、移动电话、摩托车等消费品百户拥有量居襄阳各县市第一。基本实现了村村通水泥路，每村都有一个甲级卫生室，解决了 5 万人吃水难问题和 61 所寄宿制学校的"三难"问题，农村五保集中供养率达到95%，城市低收入家庭做到了应保尽保。

另一方面，全市经济社会发展一体化也存在一些问题。一是经济结构不合理。第二、第三产业比重亟待加快提升，另外经济增长方式和资源利用率低的问题亟待解决。二是农业基础仍然很脆弱。农业抵御自然灾害风险能力不强，夺取农业丰收变数较大，加之当前农资价格上涨的压力，农民持续增收难度上升。三是工业化、城镇化、第三产业和城乡经济社会一体化发展步伐有待进一步加快。四是城镇就业压力大，农村富余劳动力亟待加快转移。五是社会问题突出，维护社会稳定难度大，促进社会和谐发展任务重。

第二节　宜城市工业可持续发展面临的形势和优势条件

一、机遇与挑战并存的工业发展环境

1. 国际分工、产业转移带来的机遇与挑战

世界经济自第二次世界大战以来已经保持了持续几十年的增长，资源不堪重负，世界能源市场已经做出反应，国际能源价格持续走高，加上全球性金融危机和经济波动加剧，势必推动国际分工体系调整和

发达地区产业升级，发达国家及新兴工业国加速寻找新能源，建立多元化能源基地，以替代或减少对中东石油的依赖，同时加速能源化工产业向发展中国家和地区转移。中国有丰富的资源，劳动力成本较低，原材料价格较低等，这些都成为吸引国际企业的重要因素，中国已成为国际产业转移的承接地。这些情况，既为宜城市工业低成本扩张提供了机会，也为宜城市收缩战线、优化经营结构提供了有利时机。宜城市有特殊的自然资源优势，要善于抓住机遇，善于到市场中推销自己，如能成为国际国内能源化工投资的战略目标城市，吸引国内乃至国际大公司投资，引进其先进技术设备和成熟的管理经验，对于改造提升宜城市工业产业结构，实施绿色清洁生产等具有重大意义。能源化工基地建设所形成的巨额投资，必然会拉动装备制造和维修的市场需求，培育出新的产业。

2. 国家宏观经济调控带来的机遇与挑战

我国经济经过连续20多年的高速增长，已进入调整结构、转变增长方式的新阶段。"十一五"期间，国家将进一步加强宏观调控，加快资源节约和环境友好型的新型工业化步伐，加大对高污染、高耗能产业的整顿治理力度，推行规范的工业污染治理措施。一方面国家宏观调控政策引导宜城市能源化工企业加大采用新技术的力度，加大技术创新，推动能源化工产业结构优化；另一方面，宜城市目前存在的资源综合利用水平低，必须进行规范重组、整顿治理和调整提高。为应对国际国内形势，国家陆续出台了一些更加积极宽松的宏观政策，把扩大投资作为拉动经济增长的引擎，出台了一系列措施，以拉动内需。开始实施积极的财政政策和适度宽松的货币政策，制定了支持政策，为加快工业重大项目建设、优化工业结构提供了重大机遇。因此，

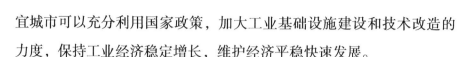

宜城市可以充分利用国家政策，加大工业基础设施建设和技术改造的力度，保持工业经济稳定增长，维护经济平稳快速发展。

3. 社会主义新农村建设全面启动带来的机遇与挑战

国家实施社会主义新农村建设战略，加大对农业的投资力度，推进农业产业化，将给宜城市"稻米、蔬菜、西瓜、花生"等优势农产品资源的优化增收和农产品加工业的快速增长注入新的活力和动力，给特色农业的开发带来新的机遇。农村城镇化进程必然加快，农产品市场将更加成熟，绿色消费市场的准入将越来越严格，初级农产品市场将呈萎缩趋势，这将迫使宜城市农产品深加工企业实施品牌战略，加大技术创新和技术改造力度，提高产品的安全卫生标准，增强对市场的适应能力和自身的竞争力。

4. "中部崛起"战略实施带来的机遇与挑战

"中部崛起"战略的实施，意义重大。促进中部地区六省的社会经济发展正式纳入国家战略框架，标志着我国社会经济发展已从区域重点推进，进入全面协调发展新阶段，中部六省包括湖北省。这必将给宜城市社会经济发展带来重大机遇和影响。宜城市依托中部地区领先的现代化综合交通运输体系，可以大大提升企业产品的物流效率。同时功能完善的中部市场体系，将对宜城市工业及农业的结构优化和规模扩大发挥带动效应。中部地区竞争力较强的制造业和高新技术产业迅速发展的辐射效应，将对宜城市地方工业的技术装备更新、技术创新产生推动作用。中部地区调整产业结构，延伸产业链，将形成与宜城市衔接的产业格局。中部地区生态环境、交通条件、工业基础具有比较优势，这些必将影响宜城市工业的资源配置和市场地位。

二、宜城市工业可持续发展的优势条件[①]

1. 矿产资源储备丰富

宜城市境内的矿产资源丰富，其中主要分布在"两山一线"，即东南两山、随南线，已探明的矿石储藏量达 14 亿吨。

2. 农产品深加工产业资源优势凸显

宜城市农业基础好，是全省重要的优质粮食棉油生产基地，及小有名气的水果蔬菜和畜禽产区，农产品资源丰富，有农业"小胖子"之称。全市拥有国家级的龙头企业 1 家，省级龙头企业 7 家，襄阳市级龙头企业 13 家，位于襄阳各县市之首。全市农业产业化龙头企业及涉农产品生产企业 2007 年实现产值 24 亿元，形成了粮食、食品、油脂三大农产品加工群，其中每年粮食加工能力达 90 万吨的，有 12 家聚集规模企业；食品加工能力达 10 万吨的，有 9 家聚集规模企业。

快速发展的农产品加工业，提升了传统农业，促进增效农业，农民的收入增收；形成了工业反哺农业，农业促进工业的利益结合机制；进一步夯实农业基础，推进城乡经济一体化建设。

3. 工业集约化发展平台已具雏形

宜城市以园区建设为核心，以"一区四园"为载体，不断加强软硬件环境建设，积极引导并扶持工业企业向"一区四园"聚集，逐渐形成了企业的扎堆发展和集约发展态势。

宜城市自 2002—2006 年五年来，累计引进项目 400 多个，近 20

---

① 数据来源：宜城市人民政府门户网站，http：//www.ych.gov.cn/。

亿元的到位资金。2007 年协议引进项目 132 个，7.99 亿元的到位资金，开工建设投资了 3000 万元以上的项目 46 个，其中有 8 个投资过亿元的项目，13 个项目过 5000 万元，其中可新增的产值 80 亿元，利税 12 亿元。在已有基础上，宜城市工业以大雁为起点，以雷河·大雁工业园区、白庙工业区、燕京工业园区和板桥建材工业区域等为重要节点，加快形成工业经济带。辐射带动农业产业和人文发展提升，创造了良好的投资环境，为产业发展搭建了坚实的平台。

4. 工业基础设施支撑能力显著增强

焦枝、汉十复线铁路穿过宜城市，新增铁路通车里程 332 千米，铁路年外运能力跨越一亿吨大关；初步建成"两横两纵"公路主骨架和十条公路次骨架，新建、改建公路里程 5751 千米，其中新增等级公路 1482 千米，公路密度达到 16.9 千米/百平方千米；建成一批电源工程，电力装机容量达到 180 万千瓦，城乡电网改造取得突破性进展；建成莺河水库等一批骨干水源工程；电信、移动、联通、广电网络覆盖全市。基础设施"瓶颈"制约得到缓解，极大提升了对工业可持续发展的支撑力。

第三节 宜城市工业可持续发展的战略

一、工业强市战略

走工业化道路是国家和地区经济发展的必然选择。人类社会迄今为止取得如此重大的成就，同尊重历史及经济发展规律分不开。目前，人类从事经济活动各个阶段所取得的进步和描述经济历史与发展通用的第一、第二、第三产业的划分相一致。在第一产业时期，人类为生存不断向自然界索取以争取温饱。第二产业时期的到来则使人类的生产力迅速突破，第二产业的迅速发展，使社会产品有了剩余或价值有了剩余，经济和社会得到迅速发展。而工业化发展到了一定的阶段，对分工和专业化要求逐步提高，同时有充足的资本，生产要素产生集聚效应，使城市化进程得到快速推进。第三产业，这个为第一、第二产业服务的行业，必须在第一、第二产业发展到一定阶段后，才能迅速扩张。否则，单纯谈加速第三产业发展，促进城市化，只能是无源之本。

1. 宜城市工业强市战略的制定

工业是县域经济的龙头和脊梁，工业强大是县域经济强大的基础与保障。大力发展工业是宜城市人民的共识，历届市委、市政府都十分重视工业发展问题。宜城市委于 2003 年提出农业立市、工业强市、"三产"兴市的发展战略，将发展工业正式确定为振兴宜城市经济的强市之本。这是一项具有战略眼光、非常正确的方针决策。

宜城工业自身有着一定的基础，虽然在全省范围内，并不占优势。近年来，宜城市紧紧围绕湖北省委、省政府加快"三个转变"，实施"工业强省"战略和襄阳市委、市政府"工业强市"的要求，大力推进"工业强县"战略，坚持把工业发展放在经济工作的首要位置，努力壮大总量、提升质量，紧紧围绕工业强市战略的实施，按照"盘活存量，引进增量，发展民营，优化环境"的总体思路，以提高经济运行效率和质量为中心，以产业调整、结构优化为重点，以制度改革为突破口，强力推进，实现速度、质量和效益同步增长，成绩斐然，使全市人民实实在在看到和感受到城市经济的发展，享受到经济发展的成果，取得了令全市人民满意的效果。

中共宜城市委、市政府根据宜城市的实际情况，提出了"解放思想，与时俱进，团结拼搏，苦干兴市"的新观念，做出了符合宜城实际的工业强市的战略部署，将发展工业作为振兴宜城经济的一项重要的决策，并作为强市之本。对此，笔者认为，这一战略符合宜城市现阶段经济和工业的发展特点，符合党中央提出的全面建设小康社会的根本要求，需要今后宜城市委、市政府带领全市上下在具体实践中，心往一处想，劲往一处使，努力加以贯彻执行。

需要指出的是，客观上讲，宜城市目前农业增加值占全市GDP比例仍然较大，实际上仍是农业型城市。宜城市所处的发展阶段，严格来说，只是刚刚摆脱温饱，逐步进入小康的初始阶段。工业是宜城经济比较薄弱的产业，但恰恰也是宜城经济未来振兴的希望。只有发展好了工业，加快宜城市工业化进程，才能为宜城市下属地区城镇化建设提供产业支撑，为农业机械化提供雄厚的物质基础；也只有走工业化的道路，宜城市才能积累资金向建设工业化城市的目标迈进，以较快的发展速度步入富裕型的小康社会。

世界各国城市化发展的过程证明，绝大部分地区的城市化，是依靠工业发展后的资本积累而完成的。从这一意义上说，没有工业化，城市化就会受到影响，甚至是一句空话。因此，坚定不移地走工业化道路，以工业建市，以工业强市，是促进宜城市经济社会发展的根本保证，也是实现宜城市可持续发展的根本保证。

2. 宜城市工业强市的保障

（1）工业强市需要营造良好的软、硬件环境。想将发展工业作为宜城市的强市之本，必须创造良好的软、硬件环境。首先是政策的宽松和连续性。发展工业是宜城市经济发展的必然选择，也是符合宜城市实际的一项战略性的选择。因此，必须将工业发展战略贯彻到底，要将这一选择作为今后相当长一段时期的要务，坚定不动摇。

其次是要有一个好的宽松的发展环境和市场环境。政府各级部门要大力支持宜城市工业的发展，转变政府职能，提高办事效率；各级部门要多为企业着想，要时刻以"三个有利于"的标准来办事情，要想方设法把事情办好、办成，而不是设法阻碍事情的办好、办成。加快行政审批制度改革，尽快使宜城市行政审批制度适应社会主义市场经济的需要。政府管理部门不得干涉企业自主权，坚决禁止对企业吃、拿、卡、要，若政府部门对企业做出违规行为，发现一起，处理一起，决不姑息。属于社会自我管理的事务要按市场管理的原则，认真组织清理现行的行政审批项目，取消不合理的行政审批项目，简化行政审批手续。建立适应市场经济形势的宜城市行政服务中心，对清理保留的行政审批要全部纳入中心审批，严禁厅外受理、厅外审批，同时将市属各个行政服务机关全部纳入其中，实行一站式服务，企业有事情，一次性就能跑完所有机关。转变政府职能，改进工作作风。市场环境的优劣，是衡量一个地区经济发展水平高低的重要标准，宜城各级政府一定要依法行政，依法办事，使宜城经济的发展在良好的市场秩序中进行，只有这样，才会降低企业的社会交易成本，才会使投资者对政府、对市场有信心。

最后是要创造一个良好的用人环境。21世纪的竞争归根结底是人才的竞争，只有拥有一流的人才，才会出现一流的企业，才能办大事情。要将吸引、留住人才的政策落到实处，制定并出台住房、就医、子女就学等方面相关政策，加大对引进高层次人才政策的扶持力度，建立健全人才引进机制和人才培养机制，努力帮助企业破解引才难、招工难、留人难问题。使在宜城市创业、发展的企业和人才，有一个良好、宽松、民主、公平、舒畅的环境。

（2）工业强市需要大量企业老板和生产、经营、管理人才。不能形成企业老板群体和生产、经营、管理人才群体也会制约经济。发展宜城市工业，必须培养、造就一批企业家队伍，一批有真知灼见、熟悉市场经济规则、目光长远、无私奉献的企业领导队伍，一批生产、经营、管理人才队伍，这是宜城工业和宜城经济发展的希望所在。企业是市场经济的主体，企业间的竞争，归根结底就是人才的竞争，核心是企业家的竞争。加强企业家队伍的建设，是建立现代企业制度、促进企业发展的必然要求。在宜城加大国有企业改革力度和加快非公有制企业发展的关键时期，加强企业家队伍和生产、经营、管理人才队伍建设，已经成为全市经济发展的迫切需要和实施"工业强市"战略的重要保障。

对此，笔者有以下几点建议。

一是采取多种形式和办法，行之有效地对企业家进行选拔、培养、管理和考核。打破地域、身份、行业、部门、所有制边界，多渠道选拔企业经营者，对各种不同所有制的经营管理者一视同仁；以优惠的待遇吸引大专院校、科研单位和外地的企业人才到宜城市的企业工作。

二是企业团队的造就和培养，要立足于宜城市的实际情况，不仅要大力吸引外来经营管理人才，对本土的企业生产、经营、管理人员也要加大力度培养。推进民主化、市场化的进程，用多种方式管理企业经营者。在国有性质的企业选拔领导，要实行上级选拔和民主推荐相结合的原则，立足于企业干部必须得到企业职工和用户的信赖这一基本点，不能以行政机关的好恶来决定人事任免。

三是建立激励机制，为优秀企业家提供更为广阔的事业空间。以关爱和支持企业家成长来营造良好的发展氛围。努力在政治上关心企业家、决策上尊重企业家、工作上支持企业家、感情上亲近企业家，切实帮助其解决各种困难和问题，真正使广大企业家创业有机会、发展有平台、有用武之地而无后顾之忧。通过树立和宣传一批优秀典型，在全社会努力营造积极鼓励企业家干事业的良好的氛围。要加大宣传力度，营造氛围，形成正确导向，使企业家成为受人尊敬、令人向往的职业。

（3）工业强市要坚持项目带动，投资拉动，以加快产业结构调整的步伐。近年来，制约宜城市工业发展的一个重要因素是没有建成大的现代化工业企业，没有一批好的项目，没有大的投入，同时没有技术水平高的项目储备。因此，宜城市新一届市委、市政府始终坚持把招商引资和项目建设作为全市经济社会发展的"一号工程"强力推进，进一步增强发展后劲。要抓住沿海地区产业转移的机遇，积极实施项目带动战略，加大招商引资的力度，注重引进产业关联度高、市场潜力大、有核心竞争优势和先进管理优势的大企业、大集团，实施一批科技含量高、经济效益好、辐射带动作用强的大项目和好项目，不断壮大工业经济的规模和实力。加大招商引资的力度，搞好珠三角、长三角等重点区域招商，积极申报国家中西部地区加工贸易重点承接地，力争在承接产业转移上实现新的突破。要根据宜城市的资源优势和行业基础优势，做大做强一批优势行业，如以农副产品深加工为主的食品加工行业，以通用机械和农用机械产品为主的机械加工行业，以化肥、化工原料和精细化工产品为主的化工行业。使这些行业尽快成为宜城市工业经济的骨干力量，带动宜城经济的迅速发展。另外，要注重项目研发，带动工业发展，从而促进宜城市经济社会的全面进步；认真抓好一批重点技术改造项目；突出抓好几个对宜城市发展有重大影响，具有标志性意义的重大项目；重点抓好工业产业带的建设，使其成为宜城市经济新的增长点。

（4）鼓励支持多种所有制形式共存，加大非公有制经济的发展力度。宜城市从 2003 年起，大力推进"国退民进""产业多元化"等改革措施，到 2006 年年底，全市工业企业改革基本完成，部分国有、集体企业退出工业经济历史舞台，一批民营企业和产权清晰的股份制企业应运而生。民营企业的蓬勃发展全面激发了全市工业经济发展活力，全市工业经济进入快速发展期。实践中发现，影响和制约宜城市民营经济发展的一个重要因素是资金短缺。必须调动宜城市各方面的积极性，制定各项改革政策，创造良好的发展环境，鼓励支持非公有制经济的发展，并使非公有制经济逐步成为宜城市经济的主力军，或者处于龙头的地位。同时要大力吸引外来资金、外来企业到宜城创业，解决宜城市经济发展中的资金约束。

3. 宜城市工业强市的具体内容和道路

工业强市是一个系统工程，要实施这一战略，必须要制订具体的工业强市的规划，并真正落到实处。制订宜城市工业强市的发展规划，重要的是根据宜城市的工业、农业、自然资源、地理、交通等实际情况，科学地确定发展道路和发展方向，有重点地选择适合宜城市发展的产业和行业。工业有前途的乡镇就重点发展工业，农业有前途的乡镇就重点发展农业，切忌一哄而起，全面铺开。工业规划要体现出现代经济发展的轨迹，体现出信息化的发展方向，坚持以产业结构调整为主线，促进产业结构的优化升级，即坚持走新型工业化的道路，以加快工业化进程，以信息化带动工业化、以工业化促进信息化，走具有宜城特色的工业化道路，最终形成以高新技术产业为先导，用高新技术改造和提升传统产业，以基础产业、制造业、农副产品加工业为支撑的产业格局。

二、加快城镇建设，促进工业发展战略

从普遍意义上讲，工业化是城镇化的基础，城镇化是工业化的必然结果。根据钱纳里的发展形成理论①，初始城镇化由工业化推动，城镇化发展到一定程度又促进工业化的发展。城镇化与工业化二者之间具有相互作用的机制。因此，加快城镇建设，是促进工业发展的必然选择。

1. 以宜城市城区为中心，进行统筹规划，合理布局，采取中心城镇突破的战略

按照萨谬尔森的"要素价格均衡理论"，在没有交易成本的前提下，要素禀赋结构不同，比较优势有异的地区，如果能够按照比较优势决定产业结构，然后通过统一的产品市场，进行地区间的串换，那么各个地区间劳动者的收入就会随着经济发展而趋同，一个地区的经济发展，就会成为另一个地区经济发展的拉动力。为了避免下属城镇功能趋同，盲目竞争，相互制约，应以宜城市城区为中心，突出发展

---

① 在20世纪80年代，钱纳里等人提出了"发展形式"理论，将研究领域延伸到低收入的发展中国家，认为投资和储蓄只是经济发展的必要条件，而不是充分条件。对于发展，重要的是经济转变，因而强调对结构变动的各种制约因素的分析，如收入水平、资源禀赋、人口规模、政府的政策和发展目标、国际资本、国际先进技术、国际贸易环境等，从而揭示了经济发展的"标准形式"和各自的不同特点。

城区工业，增强城区对周边乡镇经济的辐射和带动作用，同时统筹规划，合理布局，将下属城镇划分成不同的发展类型。城镇和城镇之间总有区别，要根据各自的历史、区位条件和资源优势，因地制宜，分别将其划分为以工业型为主的城镇，主要是建立乡镇企业工业园区；以旅游开发型为主的城镇，主要是凭借其旅游资源，发展旅游业及一系列的相关服务产业；以农业产业化型为主的城镇，主要是形成以农产品加工为主体的农村产业链；以市场带动型为主的城镇，主要是建立特色资源产品的商品交易市场和批发市场等。把城镇建设同农业产业化的龙头企业基地建设结合起来，同旅游资源的开发建设结合起来，同乡镇企业和农村服务业以及专业市场的规划建设结合起来，形成各具特色的城镇。这样，既带动农民向县城和小城镇流动和集中，为第三产业的发展奠定基础，又避免了小城镇之间的重复建设、资源浪费，最终形成优势互补，达到共同繁荣。

2. 宜城市内合理确定城镇的发展重点，给予必要的支持

面对下属各乡镇，如果同时发展，平均用力，既不科学，也不可能，这将超出目前市级财力所允许的范围。为此，市里应该制定科学的、合理的重点发展战略。通过重点发展战略，一方面避免城镇化进程中"遍地开花"的弊病，另一方面促使城镇在地区之间合理平衡分布。应优先发展县城城关镇和若干条件较好的、具有较大潜力的建制镇与集镇，以先富带动后富，最终达到共同富裕。市里可在财政、交通、信息等方面给予目标城镇一定的支持。

3. 改革城镇现存不合理的制度

城镇的建设与发展离不开良好的外部环境，宜城市委、市政府应积极创造条件，加强城镇的"软环境"建设。目前，亟须突破政策障碍，建立一套有利于城镇建设与发展的户籍管理制度、土地管理制度以及社会保障制度等。首先，必须改革现有的户籍政策。宜城市要跨越重重障碍，逐步从制度上取消城乡二元结构和户籍制度对迁徙自由的实质性限制，在人身自由与平等原则上实现城乡一体化。降低农民进城的门槛，对在城镇有固定住所、稳定职业和合法收入的农民，给予城镇户口，让其子女在教育、参军、就业等方面均享受与城镇居民同等待遇，不实行任何歧视性政策。其次，加快土地流转制度的改革，在原来土地承包责任制的基础上，放开土地的使用权，使其可以自由转让、出租，积极盘活土地，鼓励土地资源从低效率的利用方式向高效率的利用方式转变，促使土地适度集中经营，产生规模效益。最后，不断建立和完善城镇的社会养老保险制度、医疗卫生保险制度和最低生活保障制度，使城镇具有一套较好的社会保障体系，增强城镇的集聚功能。

4. 多渠道融资，解决城镇的资金瓶颈问题

如何筹措必要的建设和发展资金一直都是困扰宜城市城镇发展的一个大难题。要解决这个问题，既要破除头脑中等、靠、要的旧思想，更需要打破原有不适宜的封闭单一的投资机制，使城镇建立起一套多元化的投融资机制，制定并实施具有针对性的优惠政策，引导、实行国家、社会、团体和个人共同参与的多元化的投融资体系，坚持"谁投资，谁受益"的原则。要实行"引凤筑巢"的模式，积极鼓励企业和个人来参与、投资、建设城镇的公用设施。甚至可以大胆尝试吸引民间风险投资。取消原有政策上的限制，放活政策，以优惠的政策来吸引外商及港澳台同胞、海外侨胞参与城镇的投资与开发。总而言之，要树立起"经营城镇"的理念，多方面采用多元化的形式拓宽城镇的筹资路。

5. 坚持高起点，建立生态城镇，大力发展绿色经济

建立和发展城镇必须实施可持续发展战略，这一点是很重要的。宜城市要避免过去经济发达地区走的"先建设，后保护""先污染，后治理"的弯路。在城镇建设的过程中，要以保护生态环境为出发点，大力发展绿色经济，努力实现经济增长方式的转变，由资源消耗型的粗放经营转向资源节约型的集约经营。积极引导城镇居民进行绿色消费，参与环境保护活动，对垃圾进行分类处理，通过宣传、教育等途径，使居民树立起环保意识，最终实现城镇经济效益、生态效益和社会效益的协调统一。

三、以信息化带动工业化，以工业化促进信息化和创新战略

1. 以信息化带动工业化，以工业化促进信息化

宜城市要在工业化的过程中推进信息化，以创新为动力，注重科技的进步提升和劳动者素质的提高，以质优价廉的商品在激烈的市场竞争中获取更多的市场份额。信息化带动工业化的具体内容包括将电子信息技术应用到企业经营管理、传统产业改造和电子政务中等。在企业经营管理中，信息化包括将信息技术管理用于企业开发、生产、销售和服务的全过程，通过信息集成和资源优化配置，实现物流、信息流和价值流的优化，提高传统企业的应变能力和竞争能力，促进企业经营管理的提升。要推进宜城市工业化和信息化进程，应着力加强以下几个方面的工作。一是大力引进、培养信息技术人才。由于宜城市信息技术人才存在数量较少、质量较差的问题，积极引进和加快培育高质量的专业信息技术人才至关重要。与此同时，要进行计算机技术和信息科学的技术普及工作，使整个社会成员适应信息时代的要

求。二是加快发展信息产业。要加强全市现代信息基础设施的建设，大力发展信息服务业。三是推进信息技术在传统工业中的广泛应用。尤其是要将先进的信息技术运用到工业技术装备上，使宜城市工业走电子化、网络化之路。

2. 创新战略

在发展信息化、降低资源消耗、减少环境污染、提高经济效益和充分利用人力资源等方面，科技创新都可以发挥其应有的增益作用。没有科技创新的推动，实现上述诸多方面的目标就相对困难。毋庸置疑，科技创新是推进宜城市新型工业化的重要动力，宜城市企业应该坚持"加强技术创新、发展高新科技、实现产业化"的方针，大力促进企业科技创新，积极培育高新技术产业，加速高新技术成果的转化，努力使高新技术增加值占全市工业增加值的比例有较大提高。使高新技术发展有较大的规模，使高新技术的创新能力有明显提高，增强企业的综合竞争力和发展后劲。

提高自主创新能力，要围绕经济社会发展的关键问题，坚持科教兴市和人才强市战略，积极开发人力资源，健全技术创新体系，把经济增长更多地建立在科技进步和人力资本带动的基础上。

四、打造"宜城制造"品牌战略

宜城市工业的可持续稳定发展必须倚重品牌产品作为其工业经济运作的主导力量，宜城市工业企业要努力打造"宜城制造"品牌，提升和增强产品在市场竞争中的持续竞争力。

五、科学发展战略

宜城市工业的发展应该实现经济效益、社会效益、环境效益的有机统一，真正使工业进入健康、稳定、可持续的发展轨道。

第四节　宜城市工业可持续发展的模式选择和实现路径

一、宜城市工业可持续发展的模式选择

当前县域工业的宏观和微观环境与改革开放之前相比发生了巨大的变化，计划经济条件下形成的没有体系、没有产业关联度的县域工业已经很难在现在的市场经济体制下生存下去了。因此，要发展县域工业，必须转变经济发展模式，从质上做文章。根据宜城市工业的特点和现状，其工业可持续发展可以采用以下几种模式。

1. 工业经济发展的主导模式——"工业园区带动型"模式

这种经济发展模式的选择有赖于一定的区位条件，最好在宜城市区的强辐射区内实施。工业园区带动宜城市经济发展模式的选择应该做到以下几点。第一，工业园区要有自己的特色和个性，不要搞成统一的综合类工业园区，应向特色化、个性化、专业化方向转变，园区的定位准确与否直接关系到园区在市场竞争中的生命力。第二，加强对工业园区开发建设的管理、指导、协调和督促检查工作。抓好工业园区建设，树立工业园区作为典型的优良招牌，增强工业园区的投资吸引力。引导和鼓励有条件的乡镇，特别是重点乡镇积极创办工业园区，努力形成"园镇互动"的经济发展格局。第三，努力使园区内企

业的各种物流、技术集成和信息流渠道以及园区基础设施为园区内所有企业共享，企业之间交换主要以市场贸易的形式实现，各项资源在企业间的循环形式呈多样化，既有双方互利循环、分解循环，也有上、下游产业的反馈循环，众多的循环关系构成各产业或企业之间的工业生态链或生态网络。

根据宜城市的地理位置和交通条件以及工业基础的现状，笔者仔细研究，反复论证，认为其工业经济发展的主导模式应选择"工业园区带动型"模式，应打造沿 207 国道的非公有制经济带和生态工业园区、绿色食品加工园区等开发区，既有综合类的工业区，又有专业化的生产园区，以带动整个县域经济的发展。

2. 产业集聚模式

产业演进的根本影响因素是需求、分工、技术和供给，而产业集聚模式恰恰能够有机地融合这四个因素，从而有效地促进区域经济发展，提高区域产业竞争力。这种模式实际上就是靠成百上千的生产同一类产品的中小企业的产业集聚和分工，提高经济效益。产业集聚模式的威力还在于它能使专业化分工获得空前发展，直接带动整个产业水平的提高，提高当地产业的市场竞争力和吸引资本的能力。该模式包括的形式有供应链互补整合型，该型区域集群主要表现为一种"供应商—用户"的纵向配套关系。联结在这种产业链上的各个集聚区之间有明确的专业分工。同时，各集群既对其上游企业提出需求，又对下游的环节进行供给。此外，有产业延伸型、产业替代型、产业复合型等接续产业发展。宜城市要针对不同的行业特点，形成各具形式的工业企业集聚群。

3. "龙形工业"模式

"龙形工业"模式是依靠核心产业,带动相关产业,拉长产业链,形成产业群。核心产业是指科技含量高,牵动能力强,关联度较高的技术和产业。宜城市应当采取具体措施,精心培植骨干企业,打造富有特色的企业"小航母"。新东方、瑞源公司作为纺织业的龙头企业,其上下游产业链已初步完备,还应继续扩大完善,建议采用"龙形工业"模式。

4. 循环经济、可持续发展模式

传统工业生产方式是一种由"自然资源—产品—废物"的线性流程组成的开环式经济,是一种高消耗、高排放的生产方式,而循环经济按照自然生态系统的模式,把经济活动组成一个"自然资源—产品—再生资源"的闭环式流程,从而使经济活动对自然环境的影响尽可能小。清洁生产需要使用清洁工艺、清洁能源。实施清洁生产,需要大力发展循环经济模式。循环经济模式的特征是低消耗、高利用、低污染。几乎所有的物质和能源都能在这个不断进行的经济循环中得到合理和持久的利用。

宜城市工业要通过发展循环经济,把传统工业经济活动"资源消费—制成品—废物排放"的开放型物质流动模式改变为"资源消耗—制成品—再生资源—再投入"的闭环型物质流动模式,提高资源利用效率,发展环保产业。

5. 资源开发和人力资本开发并举模式

人力资源优势得到充分利用也是工业可持续发展的内在要求。湖北地区有着得天独厚的人才优势,2004 年,全省有普通高校 85 所,全省高校研究生招生 2.6 万人，研究生在校生 6.64 万人，本专科在校生 89.2 万人。学校为湖北省的经济建设培养了一大批高素质的人才，也为宜城市工业发展提供了潜在的、丰富的人才资源。从以物质资源为主的增长方式向以人力资源和科技进步为主的增长方式转变，是合理配置生产要素、缓解资源与环境压力、提高经济增长的质量和效益的必然要求，是实现宜城市工业可持续发展的创新路径，宜城市必须高度重视人力资本的开发问题。这是宜城市经济发展的必然要求，宜城市要留得住人才、吸引住人才、依靠制度创新与机制创新发展职业技术教育和高等教育，缩小与周边地区的知识差距、科技差距和社会发展差距，将资源开发和人力资本开发有机结合起来。

6. 区域集聚、产业集群、结构升级模式

走工业可持续发展道路必须实施重点地域，瞄准机制与产业，运用有机结合的方式，采取区域集聚、产业集群的发展模式。提高生产要素效率、发挥区域集聚效应是提高工业经济效益的重要手段。区域集聚需要在重点地带、重点区域对生产力进行合理集中布局，而不是遍地开花。

二、宜城市工业可持续发展的实现路径

宜城市的生态环境，有限的资源以及较快提高人民生活水平的现实需要，要求宜城市走工业可持续发展道路。宜城市工业可持续发展路径的选择，深受初始条件的影响，必须充分考虑现有的比较优势与产业初始条件，在需要与现实、未来产业发展方向和现有可能条件、现有产业基础和新兴产业之间做出妥善选择与合理安排。具体来看，走新型工业化道路是必然选择，宜城市要遵循以下发展路径。

1. 走推进工业增长方式转变之路，促进工业可持续发展

为了同时实现工业的较快增长和资源的有效保护，必须加快转变工业增长方式，优化生产要素配置方式，健全资源有偿使用机制，积极稳妥推进资源性产品价格改革，建立起反映资源稀缺程度和市场供求的价格机制，通过有效发挥市场在资源方面的配置作用，实现资源的有效利用。努力运用经济手段和必要的法律、行政手段，实行全面节约，实施重点节能减排工程，以产业结构调整为主线，加快淘汰小造纸厂、小矿山，降低生产消耗，营造良好的节能减排氛围，促进全民参与节能减排，促进经济效益、环境效益和社会效益的不断提高，实现宜城市工业经济可持续发展。

2. 顺应信息化要求，走信息化带动工业发展之路

走信息化带动工业发展之路，关键在于宜城市如何把传统工业与信息技术结合起来，用信息化降低工业发展的交易成本、运输成本、研发成本和制造成本。要充分利用互联网技术，建立高效的信息平台，降低工业发展的交易成本。改变电子商务发展落后于电子政务的局面。在企业层面推进全过程的信息化，包括企业研究开发和设计信息化，企业生产过程自动化，企业服务流程的电子化和网络化，采用CAD（计算机辅助设计）技术，建立产品设计自动化系统，降低新产品的研发成本。建立生产控制自动化系统及现代化管理系统，降低产品的制造成本，把信息技术与企业经营管理有机结合，从而改变企业管理方式，建立学习型组织。

3. 深化体制改革，走市场化引导、城镇化推动之路

市场化程度较低阻碍着宜城市资源的优化配置以及优势产业的发

展，延缓了工业发展进程，从而不利于工业可持续发展。宜城市工业发展必须走市场化引导、城镇化推动之路。必须特别重视政府与市场的关系，并实现合理高效的分工，政府应该重点着眼于培育区域利用市场的能力，为资源优化配置、产业发展创造良好的外部条件，而不是取代市场；必须充分尊重市场主体的独立自主的地位以及产业自身发展的内在要求；必须努力打破城乡分割的多元体系，进行系统性制度创新，积极促进城镇化进程。

只有通过市场而进行的产业结构调整才是最有生命力的，只有在市场竞争中发展起来的产业才具有竞争力。而城镇化是工业发展的平台，没有城镇化的人口聚集效应、市场效应、信息效应、人才效应和基础设施效应等的有效保障，产业发展的效率就会大大降低，工业发展进程就不可能持续推进。

4. 大力发展中小企业，走大中小企业协同发展之路

突出民营企业，实施全面发展。民营企业投资主体明确，产权清晰，机制灵活，动力机制强劲，就业效应明显，是壮大宜城市经济的主体力量。应以推动全民创业为抓手，积极运用民众的力量、民营的办法、民间的资金，把各种生产要素激活，推动宜城市工业持续、快速、健康发展。要大力发展民营经济，着力解决好民营企业在市场准入、金融支持、税费征收、土地使用、对外合作、维权保护等方面的问题。要重点扶持中小企业，中小企业是特色优势资源开发、主导产业发展、创造劳动岗位、实现地方财政收入的重要力量。政府要引导中小企业围绕优势特色产业搞延伸、围绕重点项目搞协作、围绕工业基地建设搞配套。在宜城市经济发展中起着重要作用的国有大型企业，由于规模大、能力强，在市场竞争中处于显著的优势地位。对于这些企业，政府应该放手让它们在市场竞争中自主发展，为中小企业创造良好的发展环境、实现中小企业与大型企业协同发展，这也是今后政府工作的重点。

总之，宜城市工业可持续发展必须充分应对现实要求，走和谐共享之路。特别要重视工业发展进程中共享经济社会发展的成果，共享优势资源开发的成果；特别要重视人与自然的和谐，注重可持续发展；特别要重视贫困人口、低收入人口的脱贫致富与全面小康问题。

第五节　本章小结

本章综合运用前面的研究成果构建了湖北省县域工业可持续发展环境竞争力评价模型，还对可供宜城市工业可持续发展的环境竞争力进行了验证和对比分析。在此基础上，对宜城市工业发展的全过程和现状进行了详细描述，依据宜城市工业化可持续发展所面临的态势和有利前提，提出了宜城市工业可持续发展战略：以工业强市战略；不断为城镇建设提速，促进城市工业化发展战略；信息化迅速拉动工业化的发展，工业化反作用于自主创新和信息化战略；营造品牌为基石战略——打造"宜城制造"品牌；遵循科学发展等战略。并且提出了有关宜城市工业可持续发展的新模式：工业经济发展的主导模式——"工业园区带动型"模式；产业集聚模式、"龙形工业"模式；循环经济、可持续发展模式；资源开发和大力资本开发并举模式；区域集聚、产业集群、结构升级等新型模式。最后，针对宜城市工业发展的现实概况，提供具有实践性并且可行的实施路径：取长补短，在全球化的发展趋势下，提高全球化意识，扩大自身优势；调整工业发展结构，顺应新时代的信息化诉求，依靠信息化发展带动工业化进程；坚持体制改革的不断深化，发挥市场化引导、城镇化推动作用；始终守牢基础产业，以健全的基础设施保障各种产业的发展；深化主导产业的孕育、带领道路。

第五章　宜城市工业可持续发展的目标、空间布局与规划

第一节　宜城市工业可持续发展的目标

1. 宜城市工业经济总量目标①

宜城市工业经济总量目标是：围绕农业立市、工业强市、"三产"活市的战略，打造宜城绿色工业走廊。具体以雷河·大雁工业园区为龙头，科学合理地规划全市的工业发展布局。目标是把宜城市建设成为襄阳地区及湖北省重要的农业、农产品加工、商品生产加工和外贸出口基地。

具体目标是：到 2023 年工业投入累计达到 505 亿元，占全市固定资产投资总额 75%，2022 年限额以上工业总产值要达到 204 亿元，年均递增 29%；工业增加值达到 71.3 亿元，年均递增 26%；工业增加值占 GDP 的比重达 48.7%；实现利润、税金分别年均递增 11% 和 14.3%，全市工业对财政的贡献份额比率达到 60%；出口创汇完成 25 亿美元，年均递增达到 11%。2019 年限额以上工业总产值达到 290 亿

---

① 数据来源：宜城市人民政府门户网站，http://www.ych.gov.cn/。

元，年均递增 22%，占全县 GDP 总量的 67%；工业增加值达到 76 亿元，年均递增 22%；工业增加值占 GDP 的比重达 55%；实现利润、税金分别年均递增 9% 和 14%，工业对财政的贡献份额达到 78%；出口创汇完成 1 亿美元，年均递增 11%；全市工业经济综合指数年均超过襄阳市平均水平。到 2021 年限额以上工业总产值达到 430 亿元，年均递增 22%；工业增加值达到 81 亿元，年均递增 20%；工业增加值占 GDP 的比重达 59%；实现利润、税金分别年均递增 9% 和 11.8%，工业对财政的贡献份额达到 81%；出口创汇完成 13 亿美元，年均递增 9%。

2. 宜城市工业结构优化目标

矿产开采业、电力工业、化学工业、材料工业、装备制造、农产品深加工及轻纺工业七大产业的比重，由 2017 年的 5.8∶9.7∶20.1∶4.7∶2.7∶38.7∶18.3 优化为 2017 年的 4.1∶11.9∶16.6∶4.5∶3.4∶40.1∶19.4。要特别注意化学工业比重要有大幅度下降，这是保护资源与环境的必然要求。其余产业比重均不同程度上升，特别是电力工业、农产品深加工及轻纺工业比重增幅明显。走新型工业化道路，围绕电力工业，建设装备制造基地，实现装备制造业从无到有的跨越，并形成产业规模。

3. 宜城市工业企业发展目标

到 2022 年，宜城市工业围绕千亿工业强市建设目标，以推进供给侧结构性改革，加快构建绿色工业为主线，狠抓"开门红"。为此，各镇（办、区）围绕目标，绘制重点项目推进路线图，将企业和项目责任到人，跟踪服务，按照节点有序推进。投资 30 亿元的粤宜高科、投资 20 亿元的新加坡精工产业园、吉利农机产业园等一大批竣工项目为"开门红"奠定了良好的基础。盯紧成长型企业，重点对上年产销过 10 亿元、过 5 亿元的企业，制订企业成长倍增计划，强化服务和调度。同时，通过技改升级、改扩项目等降低单位产品能耗。

4. 宜城市工业园区发展目标

到 2022 年，突出绿色发展，提升质量优势。以资源消耗减量化、资源利用循环化、资源产出高效化为方向，全面推行减量化增长模式。支持 15 家企业节能减排和资源综合利用，推行园区集中供热，实现万元 GDP 综合能耗降低 5% 以上。将优势资源向优质企业集中，严格落实企业税费、融资、制度性交易等减负政策。降低单位 GDP 地耗，清理园区闲置土地，盘活企业闲置厂房 5 万平方米以上。完善园区基础设施网络，改善供水、供电、供气条件，投入运营经济开发区污水处理厂，实行"一企一管"，全面开征污水处理费。启动襄阳精细化工产业园"三纵五横"道路及绿化、亮化工程，打造设施配套、功能齐全、环境优美的现代化园区。

5. 宜城市工业技术创新目标

到 2022 年，争创省级科技创新先进县市。筹建科技创新基金，促进产学研深度融合，鼓励企业加大创新投入，申报国家高新技术企业 8 家，新建研发平台及工程中心 3 家以上，高新技术产业增加值占市 GDP 比重 25% 以上。加强知识产权保护与激励，申请专利 350 件。发展职业教育，加强校企人才合作。制订实施"楚都人才计划"，搭建招才引智平台，引进高水平人才和创新团队。支持企业在宜城市举办行业高端论坛、峰会，弘扬企业家精神、劳模精神和工匠精神。

6. 宜城市工业可持续发展目标

到 2022 年，用强烈的生态、文化意识建设城市，突出规划引领，编制城区防洪排涝及生态建设整治规划、污水收集系统专项规划、鲤鱼湖湿地公园详细规划、历史文化街区保护与修建详细规划。加快棚改征收工作，力争新增棚改 5000 户，建成五条路、白庙三期等 6 个还建安置点，启动建设桥头、雷河和平二期等 3 个还建安置点。探索开放型小街区规制，打造社区综合服务体，规范提升小区物业管理，实现路网微循环、服务零距离。加快农业转移人口市民化，完善农村基本公共服务，提升农业人口生活质量，支持小河镇、流水镇新型城镇化建设。引导建投公司转型发展、自求平衡，实现"投、融、建、管"四位一体，拓展城市经营新路径。

第二节　宜城市工业结构调整和工业产业规划

一、宜城市工业结构调整规划

1. 宜城市工业结构调整规划的基本思路

经济增长，很大程度上依赖于产业结构的不断优化，产业经济学对产业结构优化的解释是，产业结构不断从低素质向高素质推进的持续过程，直观形式就是产业结构规模越来越大，产业结构水平逐渐提高，产业结构联系愈加有序。

宜城市工业结构调整的基本思路：立足于现有的基础和条件，加强国有企业改革和重组的力度，调整产业结构，促进科技进步与创新，大力推进工业化进程；遵循工业化发展的一般规律，坚持以市场为导向、以政府引导、以产业聚集为发展的原则，积极促进民营经济快速、高质量发展；以科学发展观为指导，坚持走科技含量高、资源消耗低、

环境污染少、经济效益好、人力资源优势得到充分发挥的新型工业化道路，加快形成以高新技术产业为先导、以基础产业和制造业为支撑、服务业全面发展的产业格局，促进全市经济快速发展。

2. 工业结构调整规划措施

（1）培育具有宜城特色的产业。调整宜城市工业结构必须推进特色化产业的发展，要在强化特色、开拓进取中谋求发展，面对国际经济形势的变化和发展，特别是在我国加入 WTO（世界贸易组织）后，国际分工趋势越来越强，国内外市场变化越来越趋于同步，因而坚持以市场为向导，依据资源条件、社会环境和产业基础变得更加重要。运用信息技术等先进、适用的技术改造、提升农业生产、种植等传统产业，使农业生产、种植等传统产业形成新的经济增长点，焕发新的活力；同时选择宜城地域特色浓郁的农副产品、食品、纺织等优势产业，努力培育出一批"小商品、大市场、小产品、大群体"的特色产业群。发展宜城地方特色产业，形成产业优势；在特色乡镇和专业村建设上下功夫，以"一镇一业、一乡一品"的特色经济，形成同类产品、同一产品相对集群的块状经济，以龙头企业带动支柱产业，按市场需求培植起自己的特色主导产业和产品。如宜城市王集镇的花生，饱满多油，在全国都是有名的；流水镇的西瓜清甜甘爽，享誉湖北，把这些产品的产地建设成特色乡镇和专业村，无论是现在还是未来，都大有可为。

（2）加快农业产业结构的优化，工业结构调整以农业产业化为基础。工业发展与农业产业化紧密相关。一方面，工业发展是农业产业化的支撑；另一方面，农业产业结构优化对推进工业化又有积极的促进作用。

改革开放以来，宜城市依托农业、种植业的资源优势，成为湖北省重要的优质粮食棉油生产基地和小有名气的水果、畜禽、蔬菜产区，农产品资源丰富。该地拥有省级龙头企业大山股份公司等一批产业集群，农产品加工业每年以20%的速度递增。未来发展仍应以市场为导向，以符合工业发展的需要，调整出最适合人民生活需求的农业结构目标，为工业发展提供充足的原料和不断扩大的产品市场。农业产业化推进工业发展，必须加强农业的基础支撑地位，调整农业产业结构，使农业产业化水平从初级向高级不断进阶；把农产品加工业作为农业产业化与工业化的连接点，延伸农业产业链条，提高产品附加价值。把农产品加工业作为农业结构调整的重点，当作工业经济的一个新的增长点，积极扶持，大力发展。比如，宜城市的王集花生、流水西瓜在全国特别是省内具有较高的知名度，但由于只有初级产品，没有精深加工品种，产品组织结构形式单一，远远没有形成大户、庄园式的集聚产业。宜城市必须通过专题研究和规划，发展农产品生产基地，开发优势产业带，形成特色农产品的板块经济。处理好农户、基地、龙头企业的社会经济关系，不仅能促进农业整体开发和健康发展，对新时期社会主义新农村建设，构建社会主义和谐新农村亦具有重要的推动作用。打破旧有观念，引导组织社会各种资本参与农业产业化，把自主培植与招商引资、发展生产，搞活流通、壮大规模与科技创新结合起来，把特色农业做大做强，并带动农业产业化高速发展。

（3）改造提升传统工业结构，培育发展新兴工业，加快推进工业化进程。调整优化工业产业结构，处理好培育和壮大支柱产业与大力发展中小企业的关系是首要任务。宜城市工业经济发展应当培育壮大支柱产业，走产业集群的道路，对于各个产业群的龙头企业及其产品，

要在政策、资金、人才上重点扶持，想方设法缓解要素制约，促进生产要素适度集中。尤其是对规模大、带动能力强、效益好的企业，进行重点帮扶，宜城市政府提出不仅在企业用地、用电、用水等方面提供便捷和保障，在税收、收费等方面，也予以最大的优惠和减免；并且宜城市政府为鼓励、支持企业充分发挥品牌、技术、人才、市场等优势，争创名牌，努力实施品牌战略，还特别设立"品牌"奖励基金，规定若企业获得一个国家级名牌，奖励 50 万元；获得一个省级名牌，奖励 20 万元；获得一个市级名牌，奖励 5 万元等。鼓励企业通过办名企、育名家，不断增强竞争力，促其扩大规模，提高档次，最终，使它们成为宜城市工业的"金招牌""顶梁柱"。

宜城市工业经济调整规划工作的重要方面还包括关心支持中小企业的发展。产业分工有利于提高效率和专业化，从而提升产业档次，促进产业发展。因此，积极推进大中小企业之间的产业分工协作，支持实力强大的大企业建立自己的研究和开发中心，增强大企业的开发和创新能力，提高产品质量和技术含量，不断开发出新产品，进而把一些初级产品、加工产品、配套工序转移扩散至周围的小企业，这样就可以形成合理的大中小企业分工协作体系。当前的重点是积极改进对中小企业的管理和服务，营造相对宽松的发展环境，从而让进行专业化生产的科技含量高、发展潜力大、经济效益好的高成长型中小企业发展成为某个领域的"巨人"，对于科技型、出口创汇型、资源综合利用型、农副产品深加工型、社会服务型、劳动密集型中小企业，必须针对各个类型特点，分别采取行之有效的措施加快其发展，使以农副产品深加工为特征的一批中小企业成为农业产业化和地方资源综合开发利用的龙头企业；使出口创汇、资源综合利用、生产地方特色的名优产品的中小企业群和一批以著名商标、老字号为纽带的企业集团，成为宜城市经济新的增长点。

对于宜城市工业来说，工业结构调整规划的主要内容为改造传统产业和走新型工业化道路。对于宜城市比较有优势的传统产业，要用先进、适用的技术进行改造提升，特别是对化工、纺织、农产品加工等传统产业，要进行重点改造，使之变优变强。目的是通过技术改造，提高其装备水平和产品开发能力，尤其是技术装备水平。走新型工业化道路的实质，是从宜城市实际情况出发，既要遵循工业发达国家和发展中国家，特别是中国特色社会主义的工业化的一般规律和经验，又要正确处理好在此过程中产生的以前从未遇见过的各种矛盾，包括工业化系统自身产生的矛盾和其他系统与工业化系统交叉产生的矛盾，克服传统工业存在的种种弊端，大胆走出一条具有自身特色的工业可持续发展道路。

40 年来经济改革的实践反复证明，工业发展的关键在于非公有制企业的发展。例如，我国东部沿海地区非公有制企业（包括外资企业）得到了迅速发展，促进了地区经济的繁荣。宜城市要坚决采取积极、稳妥的措施，强力推进国有企业改制。打破旧思维，把企业改制与招商引资结合起来，鼓励现有经营者以自有资金、实物抵押收购企业，若有可能，尽量在产权置换中引进技术、人才和项目，优化资源配置，达到存量吸引增量，增量激活存量的目的，使国有企业早日脱胎换骨，摆脱困境，融入市场经济的大潮中去，焕发青春活力。为非公有制经济发展营造真正宽松、舒适、方便、零交易成本的全省一流环境，在更多领域、更大范围内拓展民营经济发展空间。

（4）以所属城镇的扩张推进宜城工业化的发展。工业化和现代化必然导致城镇化，当然城镇化也是衡量一个地区经济社会发展水平的重要指标。经济过程中的工业化和社会过程的城镇化又共同推进着现代化进程。工业化与城镇化是相互促进、良性互动的关系。城镇化可以形成增长极，它具有集聚的功能，推动地区经济快速增长。为此，以城镇发展促进产业聚集，以产业聚集带动城镇发展，按照"政府引导、市场运作、统筹规划、合理布局、产业支撑、突出特色、综合开发、配套建设"的方针，优化发展城市，规划管理好宜城经济开发区，不断提升城市综合功能。同时，选择三四个具有较好基础、区位优势和发展前景的中心镇，按照集中连片布局的要求，发挥规模效应的优势，逐步形成生产专业化、相互分工协作的发展格局。规划将雷河·大雁工业区建设在王集镇到宜城市区省道两侧；在鲤鱼湖周围区域建设鲤鱼湖科技孵化园，在王集镇到市区建设燕京食品加工园，大大增强这些城镇的聚集效应和辐射效应。

二、宜城市工业产业规划

根据宜城市工业发展现状和地理条件的优势，产业发展应定位为改造提升传统产业，发展高新技术产业。建设鄂西北地区乃至全省重要的农产品加工和出口基地、服装纺织加工和外贸出口基地、精细化工生产基地和汽车零部件研究开发等四大产业基地。

1. 改造提升传统产业

传统产业是宜城市经济发展的重要依托。目前支撑全市经济的仍是传统的劳动密集型产业，有优势的仍是加工业。为此，应集中力量，积极采用先进适用技术，重点改造农产品、轻纺、建材、化工等具有相对优势的产业及其产品。

（1）建设农产品生产加工和出口基地。依托宜城市农产品资源优势，进一步扩大生产加工规模，拉长农产品产业链条，提高农产品的附加值。大力发展鸭肉、猪肉熟制品等精深加工，提高产品档次，进一步扩大农产品出口能力。

（2）建设纺织服装生产加工和出口基地。把棉纺作为宜城市纺织业的重点，依托万众公司、楚天公司、富亿公司等重点纺织企业，进一步扩大棉纺生产规模，大力发展精梳纱和功能性棉纱，拉长棉纺产业链条，积极发展服装面料，加快纺织基地的发展和产业的优化升级；进一步扩大牛仔服、休闲服加工规模，充分利用雅新公司的技术、管理和国内外市场销售渠道等优势，发挥当地劳动力资源和纺织品原料资源等优势，鼓励个体企业和村办企业与雅新公司联合建设服装卫星加工厂，积极构建以雅新公司为中心的服装加工产业链，参与沿海发达地区服装加工业的竞争。

（3）建设精细化工产业基地。借助国家致力于加强中部地区能源、原材料基地建设和大力发展循环经济的政策机遇，对新东方、金源公司等企业进行资源整合，着力推进精细化工产业的蓬勃发展。

（4）建设汽车零部件开发和加工基地。加快推进以天神蓄电池公司、银轮机械公司为龙头的汽车零部件项目。

2. 发展高新技术产业

高新技术产业是宜城市工业经济发展的新的增长点，也是宜城市产业未来的发展方向，应选择有限的目标，突出重点，发挥优势，优先扶持，尽快将其培育成新的支柱产业。

第三节　宜城市工业空间布局规划

1. 宜城市工业空间布局的规划思路

产业经济学表明，产业结构、城市规划、技术进步、地理条件、资源条件、市场容量、消费偏好等条件约束着一个城市或地区的工业布局，在新时代宏观经济背景下，社会经济发展和产业结构调整对宜城市工业空间布局提出了新的标准和要求。经过大量调研和科学论证，并同宜城市各相关部门、单位多次座谈讨论，以及征询多个机构和专家的各种意见，笔者提出宜城市工业空间布局总的规划思路：确定以建设占据市区主要优质地理位置的宜城经济开发区为龙头，全面科学规划全市的工业布局，总目标是在 5 年左右，把宜城市建设成为鄂西北地区乃至湖北省重要的农产品及工业制品生产加工、物流和外贸出口基地，具体的内容如下。

全市工业总体布局为：宜城绿色工业走廊包括"一区四园"，"一区"是宜城经济开发区，"四园"是白庙工业园、鲤鱼湖科技孵化园、铁湖农产品加工园、燕京食品加工园。大力调整全市经济产业结构，加快引进高新技术和先进实用技术，对电力、化工、纺织、汽车零部件等支柱产业进行嫁接改造，拉长产业链条，形成集聚群体效应，积极促进产业结构调整，对产品结构进行优化升级；大力扶持与发展高新技术产业，特别注重引进与现有产业及上下游产业相关的高新技术及产业，使高新技术产业园区具有较强辐射力和影响力；大力发展特色工业园区，整合资源，发挥集聚效应；制定有关优惠政策，鼓励扶持企业建立研究中心，并支持研究中心加强联合，资源共享，提高技术创新能力，打造更多的省字头、国字头名牌产品，使"宜城制造"走向全国和国际市场。

2. 工业布局规划——宜城市绿色工业走廊

以区域中心 207 国道和焦枝铁路为依托，建设葛洲坝水利枢纽和南水北调水利工程，在全省乃至全国精心打造有名的宜城绿色工业走廊，包括 207 国道宜城经济开发区，铁湖农产品加工园，鲤鱼湖科技孵化园，白庙工业园，燕京食品加工园。

（1）207 国道宜城经济开发区。207 国道在宜城市境内有 25 千米长，穿越市区，从事各个行业的商店在道路两旁紧紧相连，十分繁华，有许多宜城市的行业骨干企业在此分布。207 国道经济带主要由六个功能区组成：化工园区、绿色食品加工区、市区沿 207 国道商贸区、农产品加工园区、高新技术产业园区、粮食物流园区。

在小河镇与城区之间形成的绿色食品加工区，以 207 国道从东边进入市区的两侧为主，依托引进燕京啤酒集团食品股份公司、李太忠食品有限公司等强势企业建设绿色食品加工工业园区，形成宜城绿色食品集聚加工区，从而形成具有竞争力和规模效应的食品加工与销售产业集群。

市区新城区依托交通优势，以 207 国道路段规划为全市的高新技术产业园区。市区沿 207 国道建设为商品贸易区，主要依据是依托宜城市城区消费能力，利用方便的交通和地理区位优势，发展商品贸易业，形成全市的一个经济商贸集聚区。位于 207 国道南侧的是精细化工园区，位于城市的东南部，依托现有的工业基础，集中发展化妆品等精细工业，建设成环境污染少、能源消耗低、经济效益好的新型化工园区。城区西部的粮食物流园区主要是依据宜城市作为中部平原湖北省的粮食产区，其拥有便利的交通条件和已具规模的发展基础，沿207国道两侧大力发展粮食贸易，规划建设成鄂西北地区最大的粮食物流园区。农产品加工园区位于207国道宜城段的最北，接壤钟祥市，左倚207国道，右靠汉十高速公路，交通便捷，适宜发展规模型农产品加工工业，建成宜城市农产品加工工业的集聚园区。

（2）铁湖农产品加工园。计划在板桥镇以北、坝村桥以南，以207国道为中心轴，建设铁湖农产品加工园。本区紧邻207国道、汉十高速公路、焦枝铁路，北邻襄阳市襄城区，区位优势明显，交通便利，建设农产品加工区既能充分发挥内通外联的作用，又可以促进宜城市农业与襄阳市及周边其他区域的经济联系。

（3）鲤鱼湖科技孵化园。规划在鲤鱼湖南至学院路3千米范围内建设科技孵化园。培植以电子信息为主导的新兴产业，形成宜城市新的经济优势和经济增长点。

（4）白庙工业园。其位于焦枝铁路西，是宜城市历史上的老工业区，经过几十年的建设，拥有比较齐全的基础设施，然而近些年开始老化，不适应发展，因此该区需要投入资金并且尽快加以改善和改造；另外，此工业园区内工业企业类型多种多样，甚至跨产业，跨行业。计划调整白庙工业园规划：拉大工业区框架，扩大工业区土地面积，敦促园区老工业企业产业升级，加紧产业结构调整与改造，走新型的工业化道路。坚定地把工业园区建设成绿色生态园区和循环经济工业园区。园区规划范围：在全区长约5千米，宽约4千米，方圆20平方千米的区域，东至园区的焦枝铁路，西至扶贫路，南至郑集镇马庄村，北至小白河；采取市场化、公司化运作的规划方法，统一建设区内的道路、水、电、气等基础设施。在未来的五年内形成以工业路、南水北调水利工程襄阳基地所形成的"十"字架为中心轴，以五纵三横道路为网络的大工业布局框架。

　　未来五年，将继续加大投入，努力营造环境一流、具有特色的工业园区品牌。改造工业园区基础设施配套，以通水、通路、通电、通电信、通电视、通网络、通邮政及平整土地的"七通一平，统一配套"为目标，努力做到设施配套，功能齐备，不断提高园区水平和档次。园区建设要侧重于营造企业的生产经营氛围，为产业发展提供空间，向既营造舒适、快捷的人居氛围，又有发展氛围和创新氛围转变，从而使园区建设的内容更完整、更完备、更系统、更加符合新时代的要求。注重园区的土地资源节约和土地利用率提高。积极引入科技含量较高、拥有高附加值产品以及拥有自主知识产权的企业。入区企业因生产生活占用土地要严格按照国家有关土地政策，政府根据宜城市土地利用总体规划，严格把关，本着节约但不苛刻，讲原则也讲灵活的原则，合理使用土地。工业园区要进行集约化开发建设，注重引进规模大、质量高的企业，注重大企业、大项目的发展。充分利用园区内有限的土地资源，提高土地利用率。要靠市场化运作筹措资金，建设好工业园区。在园区建设的资金筹集方式上，要由单一的两级或三级财政投入朝以财政投资为主导，举债投资、市场融资、吸引社会资金投资并举的方向转变，甚至尝试引进国内国际风险投资，打造多元化投资的新格局模式。

　　在布局的规划上，主要依据白庙区工业布局现状和工业发展要求及趋势，根据工业区规划的原则，将工业区主要划分为：服装纺织工业区、加工工业区、轻工及机械加工区、仓储中心等五个部分。

　　（5）燕京食品加工园。规划在王集镇和金利乡，以及326省道以西和扶贫路以西至山区的 5 平方千米区域内建设食品加工园，着重做好涉及区域范围内农民拆迁补偿的工作。

第四节　本章小结

本章制订了宜城市未来五年至十年的工业发展可持续目标。其中包括宜城市工业经济总量目标、工业结构优化目标、工业企业发展目标、工业技术创新目标、工业可持续发展目标等。阐述了工业结构调整规划的基本思路和措施，指出城市工业产业规划改造的内容，包括传统产业和高新技术产业。最后制订了详细的工业空间布局规划，包括规划思路内容：建设宜城市工业绿色走廊，即"一区四园"。

第六章　宜城市工业可持续发展的政策与制度环境保障

第一节　宜城市工业可持续发展的政府对策

面对日益严峻的区域竞争，面对更为紧迫的发展任务，面对落后的尴尬境地，宜城市政府必须要有超常规的发展举措，进一步解放思想，加大工作力度，确立更加高远的目标追求，求得全市县域经济跨越式发展。

1. 以解放思想为先导，培育更加开放的思维方式和社会氛围

以"解放思想，黄金万两；观念更新，万两黄金"为先导。明确思想观念落后一步，发展就会落后十步、百步。经济社会要加快发展，必须在思想观念上率先突破，在发展观念上实现飞跃。解放思想，不是在"要不要干"的问题上解放思想，而是在"怎么干"的问题上解放思想。因此，要实现宜城市工业经济跨越式发展，不仅要进一步深入开展解放思想讨论活动，推进解放思想由领导层面到干部层面到社会层面延伸扩展，强化解放思想的群体意识，牢牢把握发展机遇，确立更加高远的目标追求和雄心壮志，而且要把解放思想转化为实实在在的措施，出台含金量高、操作性强的政策性文件，从制度上保证解

放思想落实到具体行动上，用制度激发思想观念的转变。着力破除
"依靠资源求发展"的思维方式，树立"开放创造资源"的理念，跳
出资源局限，依靠市场配置资源谋求发展；破除"怕吃亏，怕上当，
怕肥水流入外人田"的思想障碍，树立"互利共赢"的观念，做到不
求所有，但求所得；破除"有多少钱办多少事"的思维定式，树立靠
改革谋出路、向市场要资金的观念；破除"重官轻商"的陈旧思想，
关心企业家、尊重企业家、争当企业家，在全市掀起新一轮创业的热
潮。努力营造"发展光荣、招商光荣、干事光荣，不发展可耻、不干
事可耻、空谈者可耻"的浓厚氛围。

2. 以招商引资和项目建设为中心，突破性发展工业经济，显著提升经济社会发展的综合实力

新形势下的县域经济本质上就是工业经济，发展县域经济，其实
就是发展工业经济。没有工业的大突破，工业反哺农业就难以实现，
城镇化就难以为继，第三产业就难以兴旺。但工业恰恰是宜城市的
"短腿"，这条"腿"如果不尽快长起来，宜城市就很难跑快。下一步
要盯紧大项目，开展大招商，实现大发展。

第一，创新招商方式，以更加积极的姿态承接产业转移。在强化
专业招商、驻点招商、委托招商等传统招商方法的同时，着重在集群
招商、产业链招商、企业自主招商、开发区整体包装招商上狠下功夫。
大项目牵一发而动全身，是全局工作的"脊梁骨"、未来发展的支撑
点、后发快进的驱动器。一个大项目顶上一打小项目，要牢固确立大
项目带动战略不动摇，以大项目调优经济结构，以大项目增强发展后
劲，以大项目实现裂变增长。同时，加大争取力度。通过不停地跑、
不停地说、不停地争，以诚感人、以情感人，为宜城市争取更多的政

策和资金。

第二，抓好产业集群培育，加快工业化进程。按照工业"土"（突出地域特色）、农业"洋"（工业化、精细化）的要求，围绕化工、建材、汽车零配件、纺织、农产品深加工等支柱产业，推进集群式、组团式发展，支持骨干工业企业强强联合，发挥自身优势，突破产业边界，发展集群经济，实现规模扩张，推动产业内企业专业化分工，向"专、精、特、新"方向发展。选择一批成长型、就业型中小企业进行跟踪培育、重点扶持，在项目申报、信贷融资等方面提供支持。积极鼓励企业采用国际、国内先进标准，提高企业管理水平；加大对名牌产品企业的奖励力度，开发、扶持、发展一批技术含量高、竞争力强、市场占有率高的知名产品，争创著名商标和国家、省级名牌产品。

第三，壮大市场主体，推动全民创业。宜城市发展速度不突出的原因是市场主体缺乏，民间创业动力不足。学习发达地区的经验，就是要树立促进民间创业和招商引资的观念。设计具体政策措施，放宽限制，降低门槛，引导和鼓励全民创业，让一切有利于创业的思想活跃起来，使全社会的创业激情迸发出来，把一切领域的创业潜能挖掘出来，全力开创"百姓创家业、能人创企业、干部创事业"的生动局面。

第四，以解决民生问题为重点，深入推进和谐社会建设。按照统筹城乡发展，缩小城乡差距，减少社会矛盾的要求，着力抓好群众最关心、最直接、最现实、最急需解决的问题。在农村，围绕"上便宜学、就方便医、走平坦路、喝干净水、住整洁房"的目标，重点解决农村中小学教师住房难、农村合作医疗不规范、通路难、安全饮水难等问题，深入推进新农村建设；在城区，进一步搞好社会保障体系建设，解决好贫困家庭的住房及失地居民的保障问题。与此同时，大力发展科教文卫等各项社会事业，使宜城市的各项工作协调公开、相互促进。

第五，以制度创新为保障，激发全市上下干事创业的活力。少数人干事靠觉悟，多数人干事靠制度。发展县域经济必须不断提供制度供给，激发体制活力。在县级区域，地方政府的物质供给的能力是有限的，制度供给的空间却是宽广的。因此，要把体制和制度作为经济社会发展一体化的重要资源投入，最大限度地发挥这种无形资源的作用。任何组织、任何时候都要靠机制解决问题、推动工作。要拓宽制度创新的领域，围绕提高人、激发人、调动人、保护人这个核心来搞好制度建设，通过更加完善的制度，为县域经济发展提供持久动力。

3. 以抓特色为突破口，确立市域经济社会发展方向，明确县域经济社会发展定位

实践证明，竞争优势的大小取决于对自身优势的认识和把握。大千世界，风物各异。各地风土人情千差万别，资源禀赋各具特色。发展县域经济就是要认识和把握比较优势，按照科学发展观和一主三化的要求，确定并凸显本地优势，在资源优势中培育地方特色，在传统产品中选育优势品牌，打造具有本地特色的骨干产业，形成特色经济支撑。

（1）用活生产资源，提升优势产业。首先，要明确自身的产业优势。各地生产要素不同，必然形成不同的产业优势。而且这些优势是长期发展的结果。比如宜城市油料、瓜菜、畜禽、水产、食用菌已成为产业优势。这是其加快区域经济发展的条件，是一种可利用的资源。

其次，要着力培育优势产业。要加快县域经济发展。必须通过规划指导、政策引导等，将具有发展条件、可资利用的产业优势，转化为带动和支撑区域经济发展的优势产业。宜城市没有从农业大市变为农业强市，原因就在于还没有将产业优势转变为优势产业。要进一步在培育、提升优势产业上下功夫。

（2）依靠地理资源，壮大特色产业。现代市场经济条件下，不同地区的地理资源没有好与坏、有用与无用之分，只有能否创造收入之分。不能充分认识到这一点，要么怨天尤人，被困难吓倒，安于现状；要么舍近求远，不切实际地瞎指挥，贻害无穷。必须学会将地理资源转化为经济资源，将资源优势转化为发展优势，在特色产业上下功夫。宜城是传统粮食种植区，可依托原料资源，大力发展饲料生产、规模养猪、精品粮油加工、食品加工等产业，提高农业附加值。宜城市水网密布，水库较多，可依托丰富的水利条件，大力发展水产养殖及其加工业。走种、养、加工的循环经济之路。宜城市饮食很有特色，距离襄阳、钟祥、荆门等较近，可大力发展餐饮文化，开办农家乐，发展休闲、观光农业。同时，在产业化、规模化上下功夫，加粗、延长产业链，形成集聚效应、品牌效应，使地理资源的隐性价值转化为经济发展的现实价值。

（3）利用政策资源，培育新兴产业。社会主义市场经济建设是一个不断探索、逐步完善的过程。同时，由于自然资源、历史条件等差异，各地发展水平参差不齐。谁能够充分利用国家政策，谁就抓住了难得的机遇，就能够快速推进本地经济社会发展。意识上要善于抢抓政策机遇，要有机遇意识，以只争朝夕的精神抢抓机遇；要有宏伟目标，确定明确的发展方向；要有具体项目，支撑经济社会发展；要有配套设施，提供有力支持。同时，要克服"忽视优惠政策，紧盯支持资金"的倾向，多在充分利用优惠政策上做文章。打好基础。要善于发挥政策作用，一方面要做到令行禁止，发挥政策的强制作用。国家政策明确规定不能搞的，坚决不搞。比如，国家提出要建设资源节约型、环境友好型社会，发展循环经济；那么，在招商引资中，就需做到"择资"，将污染重、消耗大的企业拒之门外。另一方面要做到法不禁则行，国家政策没有禁止的，只要有利于经济发展，都允许并鼓励大胆闯、大胆干。

4. 以优化发展环境为重点，营造更具有吸引力和竞争力的比较优势

紧紧围绕"建设全省环境最优美的县市、行政效能最高的县市、交易成本最低的县市、全省平安县市、最佳信用县市"总目标，继续把组织经济工作的主要任务放在大力营造环境上，放大比较优势，变区位、交通、人文优势为综合环境优势，为市场培植资源创造条件。

硬环境方面，一要抓好开发区提档升级，丰富完善开发区功能，争创全省示范开发区。要特别加快电力、标准化厂房、物流配送、生活设施、绿化美化等配套设施建设，不断增强园区的承载功能、服务功能，使其局部环境达到沿海发达地区水平，在更高的层次上满足产业转移的需要。同时，加快企业入住园区的步伐，争取有一批亿元、十亿元企业落户开发区。二要抓好雷河·大雁工业经济走廊建设。抓住襄阳市政府大力支持这个难得的机遇，尽快按规划把水、电、路、气等基础设施建设启动起来，使其成为宜城市最新、最大的亮点。三要抓好服务业大发展。加速配套高档美食城、大型休闲娱乐中心、星级酒店、物流配送中心，以及会计师、审计师和律师事务所等新型服务业和生产性服务业发展，完善城市功能。

软环境方面，首先要抓好人文环境建设。人文环境是根本性的环境。要想改变一座城市，首先要改变这座城市的人。为此，要像经营管理企业一样经营管理城市，同时，深入开展文明习惯"四进"（进机关、进企业、进学校、进社区）活动，加强市民文明素质教育和诚信教育，不断提升城市文明程度。其次要抓好机关效能建设。重点解决三个问题：一是公开、放权的问题。所有服务单位都要在报纸、网络或单位显要位置公开职责职能、领导分工、办事流程、服务承诺、行业禁令、便民措施、监督电话等；都要拿出具体的放权、公开、承诺、自查措施，在电视台、网站、报纸和城区项目位置公示，接受全社会的监督。二是解决作风拖拉、办事难的问题。在全市大力推行"立即办、主动办、上门办、跟踪办、公开办"的"五办"作风，彻底改变"企业跑来跑去，领导批来批去，部门转来转去，会议开来开去，最后问题还是哪来哪去"的状况。三是解决"上热下冷，中层梗阻，效能低下"的问题。加强中层干部大局观和服务宗旨教育，加快中层干部轮岗，选派中层干部到企业挂职，开展"企业满意（不满意）科室"评议活动。

第二节　宜城市工业可持续发展的制度与环境保障

宜城市工业走可持续发展道路，必须要有政策与环境的保障，在制度环境上，宜城市应当做好以下几个方面。

1. 进一步深化社会各个领域的体制改革，努力培育各型市场主体

一是坚定不移地深化产权制度改革。以市场为导向、以资本为载体、以优势企业和拳头产品为龙头和依托，通过生产要素的优化配置，

努力打造一批拥有自主知识产权、主业突出、知名度较高、核心竞争力强的本土龙头企业。二是健全企业的产权、用地、人力资源和生产技术等要素市场。整合全市非上市股份公司股权资源，创全省之先例，构筑非上市公司股权可转让交易平台，加快区域性资本市场建设，推动各类产权按市场规律有序流动；建立健全宜城市工业用地储备和交易中心，规范土地使用权出让、转让行为，优化土地资源配置。三是花大力气进一步深化企业投资体制改革。落实各型企业投资决策自主权；完善和鼓励整个社会投资的政策；切实推进投资便利化，规范市场准入条件，降低行业进入成本，建成湖北省省域内社会交易成本最低的县市，为各类投资主体在宜城市发展提供最优惠条件。

2. 加大宜城市对外开放力度，积极拓宽社会经济发展空间

迅速适应当前国际和国内发达地区产业转移趋势和全球化采购要求，特别是国内东部和沿海经济较发达地区工业进行产业结构调整和升级的时机，建立完全市场化取向的、开放的外商投资产业政策。积极推进本地企业产品国际质量认证，大力支持本地企业积极向外出口产品。鼓励产能富余和具有竞争力的本地企业向境外和国内、省内其他地区进行产业转移、企业兼并和合资合作，特别是化工行业，如鄂西化工股份公司。配合金融体制改革和资本市场的体制开放，以敢为天下先的精神，大胆尝试并创新吸引外资的方式，建立吸引外资金融资本和产业资本参与本地国有企业改革的政策体系。改进招商引资方式，拓展中介组织、专业机构共同参与，通过多种方式和途径开展招商活动。

3. 宜城市政府要采取合理措施，引导全市工业向产业集群化方向发展

关于政府在产业集群的产生、发展中的作用等问题的讨论，目前主要有两种相反的观点：正面的观点认为，政府的参与行为能够促进产业集群快速而健康的发展；反面的观点认为，政府的参与行为阻碍了产业集群快速而健康的发展。如波特曾指出：传统的竞争观点认为，政府通过调整宏观经济政策促进竞争，而公司在此大环境下自行其是。政府不该去帮助某家公司，因为这是在扭曲竞争。同样，政府不该去选择发展哪一个集群；而集群理论则认为这两者之间有一个中间地带。如果政府能够通过集群理论来认识制约公司发展的种种问题，并着手解决这些问题，那么它就能促进生产率的提高。笔者认为，中国的部分县域经济发展有着较为落后的现实，优势要素是稀缺资源，单纯依靠自身的力量很难成功。因此，政府还是应当在发展经济的一些关键环节上，适当地发挥自己的促进作用。

宜城市政府特别要做好基础设施建设和为企业服务工作。市政府应尽量为区域工业产业集群的发展提供充足的水、电，便捷的交通运输，完善的公共设施等便利条件。根据不同时期全市工业产业发展的规模和阶段，政府应适时参与引导和规划。如合理引导市郊区大雁工业园区的规划发展，在大雁工业园区规划方面，不能单纯以工业园区规模、基础设施的建设标准、园区经营面积、园区拥有的企业数量、园区企业投资总额、工业总产值、企业出口总额之类的指标来衡量，应当从发展模式是否有利于园区内相关企业的竞争协作的角度来决定，并需要在园区规划中限制急功近利的行为，支持园区产业可持续发展。

宜城市政府可以根据本市经济特点，选择合适的产业和发展道路，宜城市是湖北省西北部地区的经济非发达地区，湖北省为促进经济非发达地区的经济发展，采取了将权力下放地方的政策，宜城市是湖北省的扩权县，政府在促进经济方面拥有较大的主动权。市政府应认识到不是所有的产业都能够形成产业集群，根据克劳斯的归纳，只有生产过程可分、不同生产工序具有一定差异、最终产品可运输的产业才具有形成产业集群的条件。在选择过程中，应通过衡量农产品种植、农产品加工、化肥生产、精细化工、矿产开发、纺织印染各待选产业的关联度，比较产业经济效益及适应外部市场需求的能力，科学预测产业周期走向，并坚持可持续发展的原则来选择或重点扶持产业。

4. 加快政治经济体制的改革和创新，为加快经济发展创造完善的制度保障环境和宽松的政策环境

（1）完善乡镇农村土地产权制度，积极探索多元化的土地转移方式。当前我国大部分地区工业化进程已经跨越了初始阶段，经济的发展状况对农业提出了更高的要求，对土地的使用经营提出了趋于集约化、规模化的要求。同时，随着地区工业化、城市化的快速发展，大量的农村适龄人口涌入城市，一些地方出现了较为普遍的土地闲置甚至抛荒现象，这为加快土地流转与集中提供了良好的环境和有利的契机。这时如果有适当的制度和方便的流转方式，土地大规模集中就能顺利实现。目前在有些地区已经出现了很多不同的流转方式，有国有化流转和以农民利益为主导的利益实现形式，乡村集体为主导的流转和以集体利益为主导的利益实现形式，个人土地流转和以农民利益为主导的利益实现形式等。如土地转包、代耕、反租倒包、两田制、土地股份合作制、土地使用权拍卖等，呈现出土地集约流转、规模化经营的趋势。在我国东部经济较为发达的地区如江浙地区的农村，土地流转已经开始向种、养大户和"新三资"企业集中，在农村形成向"国家建设""工业园区和商业性开发"转移和被"乡村集体非农化利用"的形势。笔者认为，应以农民利益为核心，统筹城乡土地使用，应尽量采用市场体制的手段，由于农村土地承载、蕴含了农民生活和生产的大量社会利益和未来的权益，尝试用土地换保障的方式会更为适当，不仅可以解决当前农村社会保障体系不健全的问题，还可以鼓励农户以土地入股等新方式建设企业或工业园区。做到国家、集体、个人三种流转模式下农民利益的均等。可以先从经济较好的乡镇试点，如王集镇、小河镇。在效果不错的情况下，认真总结经验再推广。

（2）劳动就业制度创新。转移农村剩余劳动力，让大部分农民从事第二、第三产业，这是世界各国走向工业化、城镇化和现代化必经的历程。要实现城乡一体化的统一劳动就业制度，必须建立农民转换到其他产业的就业服务制度。要帮助农民尤其是失地农民转向第二、第三产业就业，并使之有稳定的就业环境。这也是农村土地改革实现土地集约化、规模化经营的重要条件。核心内容就是在城市化推进过程中，给当地农村农民预留适当的第二、第三产业发展空间；出台鼓励本地农民创办工商企业的优惠政策；成立政府和社会共同组织建立的劳动就业服务机构，为农民提供基本的、实用的就业技能、文化知识等培训，并提供就业咨询和信息，帮助加快农民向第二、第三产业就业转移。

（3）地方金融制度的改革与创新。宜城市要重点关注并建立健全城镇新型农村金融服务体制。加快建立以财政政策性保险为主体的农村保险体系，对商业性保险公司提供的农业保险业务给予政策优惠，建立起相对便捷完善的农业保险体系。按照"政策引导，多方出资，市场运行"的模式，鼓励设立农村信用担保机构，降低农村中小企业融资的成本，建立农村中小企业担保体系。支持地方商业银行和农村信用社发展，鼓励本市和周边的县市的城市商业银行实现跨地域联合经营，在乡镇设立分支机构。

改革金融机构信贷管理体制，加大对民营企业的信贷支持。当前，湖北省的各省级商业银行把放贷款审批权从市级行手中收上来，市级行又把放贷款审批权从县级行收走，这样束缚了县域银行和企业的贷款自由，极不利于县域经济和企业的发展。笔者认为，商业银行的上级行可适当下放贷款审批权，因为县级行在全面了解和掌握民营企业的贷款需求方面拥有信息优势，县级行要及时发现和培育民营企业优良客户，为企业开通信贷支持的"绿色通道"。当然，采取对县域经济扶持的政策不是说就可以一下子解决所有问题，构建适合县域经济特点的以商业性中小金融机构为主、政策性金融机构为辅的金融组织框架，完善县域金融的政策支持与风险防范体系才是标本兼治的良策。在当前宜城市的金融形势下，有条件的地区可以考虑建立以一个县级城市或区、乡为服务范围的中小社区银行，引导资金流向民营中小企业和乡镇企业，尤其是优势产业相关经济个体，为其提供个性化金融服务，与其保持长期的业务关系。社区银行要立足当地，服务当地，这样，银行收集信息的时间和费用能大大降低，可以迅速做出信贷决定，实现双赢的良好局面。

5. 政府应精兵简政，加强对自身的约束和管理，减轻企业和农民负担

切实提高政府运行效率，提高对各种问题的反应速度，为企业服好务，解好忧。成立综合行政服务中心，将市属各个行政服务机关全部纳入其中，实行一站式服务，让企业有事情，一次性就能跑完所有手续。把减轻企业和农民的负担当作工作重点，清理各种收费项目。警惕"政绩冲动"上项目，防止"形象工程"等一系列不符合经济实际、浪费资源的工程项目。宜城市经济不算富裕，政府财政收入不宽裕，经不起面子工程的折腾。要加强人力资源投资，积极引进外来紧缺人才的同时加强本地从业人员的职业教育、技术人才培训等工作。

6. 对其他不适应县域经济的制度进行改革

如彻底改革"襄阳管宜城"体制，赋予宜城市政府更多的自主权。继续完善财税体制，加强对宜城市的转移支付等。

第三节　本章小结

本章提出宜城市工业可持续发展的对策。一是以解放思想为先导，培育更加开放的思维方式和社会氛围。二是以招商引资和项目建设为中心，突破性发展工业经济，显著提升经济社会发展的综合实力。三是以抓特色为突破口，确立县域经济社会发展方向，明确县域经济社会发展定位。四是以优化发展环境为重点，营造更具有吸引力和竞争力的比较优势。宜城市工业可持续发展的制度与环境保障的内容包括：深化改革，培育市场主体；加大对外开放力度，拓宽经济发展空间；为加快经济发展创造保障性的制度环境和宽松的政策环境。

第七章 总结与研究展望

本书在广泛研究国内外学者有关文献的基础上，从中选取有价值的成果进行更深层次的研究，对县域工业转型与可持续发展进行更深入学习、观察、思考和研究，力争做到深入细致并在此基础上有所创新。

1. 主要创新点

（1）从县域工业的角度而非行政角度研究探讨和设计宜城市工业发展战略和规划，以新的视角和方法对宜城市工业可持续发展研究进行探讨。从以往来看，宜城市工业可持续发展研究和产业规划从行政区域的角度进行，这种研究是分裂的、零散的，没有专业的研究机构对宜城市乡村工业发展、乡镇企业、县域的工业进展等进行分析和深入研究。

（2）本书构建县域工业可持续发展水平评价模型，按照新型工业化内在的要求，设计出发展水平的指标体系，使用层次分析的方法，使用该指标体系对该地区进行分析和总结。这个方法综合运用了区域经济学和制度经济学等多种方法，具有一定的理论和实践指导的意义。

（3）当前，县域工业可持续发展正面临着资源环境约束"瓶颈"，既要求发展，又要兼顾资源和环境的承受能力，怎样在此条件下选择适合自己的发展模式是当前的迫切性研究课题。本书选择湖北省宜城市进行研究，也对该地区政策制定有一定的借鉴和指导意义。

（4）本书探索了县域工业可持续发展模式的基本框架。结合工业发展情况，构建可持续发展环境竞争力评价模型，并分析了影响宜城市工业可持续发展环境竞争力的主要因素，提出了可持续发展目标、战略、发展模式和实现路径。

（5）在县域工业可持续发展能力建设方面，本书认为可持续发展能力建设的关键是对知识的投资。对于进行可持续发展人力资本的建设，本书尝试引入"边干边学"的方法。在实践中不断解决问题，并运用积累的经验，这也是县域工业生产活动中获得知识的重要路径。

2. 本书的研究方法

本研究综合区域经济学、发展经济学、技术经济学、产业经济学、制度经济学、环境经济学、管理学、管理经济学、数量经济学、计算机等学科的知识，试图以规范的分析方法，站在实证分析的高度，进行更深层次的探讨，本书具体采用了以下研究方法。

（1）定量分析方法。采用因子分析法构建县域工业可持续发展水平评价系统，对经济发展能力、环境容纳能力等众多指标进行定量分析，由此研究有哪些重要因素制约了宜城市工业的可持续发展。

（2）比较分析方法。本书注重比较分析的方法，比如引入一些相关理论比较分析，或者比较分析宜城市工业发展自然资源与环境及人力资源、工业基础和结构、体制保障等因素，这种方法为研究宜城市工业可持续发展战略奠定了较好的基础。

（3）分析、综合、抽象、归纳和演绎方法。本书分析与综合互为基础，互为补充，两者互相联系又互相制约。如果只利用分析法，就会很难从整体上把握一个区域社会发展的情况，不能找到经济发展中的差异。只运用综合法又难以发现一些精确的微观问题。应当说在得出总结性结论之前，要先对各种经济现象进行科学研究，构建经济模型进行分析，结论才更具科学性。在进行具体的分析之前，要了解大量的有关文献资料中已有的综合性结论。运用综合与分析相结合的方法，从具体汇集到抽象，由抽象指引具体。

在特殊的事物中发现事物的本质，发现能够解释说明的一般性结论，这是归纳方法应用的内容。而演绎的方法从抽象的一般性原则到具体的形式。本书将归纳的方法与演绎的方法相结合进行分析，有助于把握县域工业发展中的矛盾。

（4）层次分析法。本书根据新型工业化的内在要求，设计5个一级指标为第一层，包括经济发展能力、科技进步能力、人力资源效益能力、资源利用能力、环境容量能力，并逐级分设12个二级指标，24个三级指标。通过层次分析法构造我国县域工业可持续发展水平评价指标体系。

（5）因素分析法。本书利用我国县域工业可持续发展水平评价模型进行具体分析，利用因素分析的方法找出制约宜城市工业可持续发展的因素。其中包括：工业基础的限制、自然资源的制约、土地流转制度效果的约束、产品市场状况的制约、人力资源的约束、中心城市带动作用不足等。

3. 不足之处

县域工业可持续发展水平评价是一个多学科相互交叉、相互渗透和理论性、实践性都很强的重大课题，笔者虽然做了大量的基础研究工作并取得了一些新的突破，但由于学识和理论修养有限，又限于篇幅和精力，在许多方面还没有细致、深入地研究，仍需在以后的工作、学习中不断探索和深化。

（1）在县域工业可持续发展总体框架的构建及应用上，本书未能全面地研究，笔者将在以后的学习中继续进行探讨和深入研究。

（2）在县域工业可持续发展环境竞争力水平评价体系的建立方面，本书虽然从多个指标要素进行了研究和定量分析，但县域工业可持续发展环境竞争力水平评价是一个很大的系统工程，对它产生影响的因素远远不止这些，因篇幅和本人能力所限，其他因素影响只能等到以后再加以深入研究。

以上缺点和不足，是笔者今后研究的重点和方向，笔者将在本书的研究基础上，继续做深入、细致的工作，争取获得更多、更好的成果。

4. 研究展望

实践证明，世界各国和地区的社会经济发展水平是工业化发展不同阶段的结果。衡量一个地区的工业化程度的高低，是看以第二产业为主导的国民生产总值所占的比例、地区城市人口数是否超过农村人口数、社会就业的主体是不是第二和第三产业就业的劳动力。很多研究也证明了各个国家的工业增长与 GDP 增长之间有着密切的关系——通过使用时间序列和截面数据充分验证了制造业产出的增长与 GDP 增长是强正相关关系，制造业生产与产出率增长存在强正

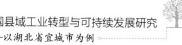

相关关系，非制造业生产率与制造业产出率存在强正相关关系。这就意味着，在某种情况下，某个国家的出口和产出会快速增长，建立起良性的循环。在未来，当生产活动不能吸收剩余劳动力时，GDP 将受到制约，增长会慢下来。如果国内需求太小，不能获得规模经济，在国内的生产和销售不能提供足够的外汇去支付必要的进口产品时，是否工业的增长速度会受到较大的影响？在经济发展的末期需要出口需求推动着经济发展，如果想要迅速地增长和发展工业，是进行市场调控还是发挥政府作用？

为了科学、均衡、和谐地发展工业，我国亟须对县域工业可持续发展进行系统研究。其中县域工业可持续发展问题，主要包括以下四个内容。

（1）在不同的历史环境下，县域工业化的发展道路是不同的。地区资源条件不同，选择的工业产业方向也是不同的。当前，在 GDP 总量比重占优势的是工业和现代服务业增加值。同时，农业所占比重特别是初级产品所占的比重将越来越小。工业化的发展不是以环境恶化和生态破坏为代价的，而是采取新技术提高生产效率和产品的绿色化程度。

（2）中国县域工业发展受到的资源和环境约束越来越显著。人口和自然环境资源并不能完全制约工业发展。在许多方面，县域的资源条件比城市要好得多。但是，它不具有很高的资源优势。工业增长和环境资源的平衡关系是非常重要的。

（3）投资、储量、产能和价格等，是工业资源问题的四个基本层面。其中，市场机制是否能决定不同资源产品的价格，是资源供求的核心问题。将来人们在工业资源短缺性危机方面会面临三个问题，一是市场价格机制的选择问题，二是产量规模边界和投资组合问题，三是自然资源储能承载经济能力问题。

（4）权衡县域工业可持续发展和保护环境两者之间的利益，应该是理想与现实主义的结合。区域工业化发展的实质就是市场竞争的过程。

参考文献

［1］张雷.中国矿产资源持续开发与区域开发战略调整［J］.自然资源学报，2002（2）.

［2］厉以宁.非均衡的中国经济［M］.北京：经济日报出版社，1991.

［3］王军.可持续发展［M］.北京：中国发展出版社，1997.

［4］吴巧生，王华.论区域可持续发展系统中的环境因素［J］.中国软科学，2001（4）.

［5］成金华.市场经济与我国资源产业的发展［M］.北京：中国地质大学出版社，1997.

［6］张孝德，钱书法.21 世纪中国可持续发展模式的选择：从"外部治理"向"成本内化"转变［J］.经济研究参考，2001（2）.

［7］成金华，吴巧生.中国环境政策的政治经济学分析［J］.经济评论，2005（3）.

［8］赵玉，张玉，祁春节.湖北省工业化进程研究——基于第一次经济普查的实证分析［J］.学习与实践，2006（10）.

［9］魏心镇.工业地理学［M］.北京：北京大学出版社，1982.

［10］金碚.资源与环境约束下的中国工业发展［J］.中国工业经济，2005（4）.

［11］刘耀彬.湖北省城市化水平影响因素探讨［J］.湖北大学学报（自然科学版），2002（1）.

［12］祁春节，赵玉.湖北省县域经济发展：统筹城乡与解决"三农"问题研究［A］.湖北省人民政府第三届湖北科技论坛"三农问题"与"农业综合生产能力提高"分论坛文集，2005.

［13］向晓梅.广东新型工业化发展道路研究［M］.广州：广东人民出版社，2006.

［14］殷醒民.制造业结构的转型与经济发展——中国 1978—1998 制造业内部结构的

调整 [M]. 上海：复旦大学出版社，1999.

[15] 殷醒民. 中国工业结构调整的实证分析 [M]. 太原：山西经济出版社，2003.

[16] 钱纳里，鲁宾逊，赛尔奎因. 工业化和经济增长的比较研究 [M]. 吴奇，王松宝，等译. 上海：上海三联书店，1996.

[17] 格罗斯曼，赫尔普曼. 全球经济中的创新与增长 [M]. 北京：中国人民大学出版社，2003.

[18] 殷醒民. 论中国制造业技术结构升级的方向 [J]. 经济学家，2001 (4).

[19] 冯源，王利渡，吴敬琏. 历数"旧型"工业化七大弊端 [J]. 党政干部文摘，2005 (10).

[20] 林兆本. 关于新型工业化道路问题 [J]. 宏观经济研究，2002 (1).

[21] 杨冰之. 新型工业化内涵和特性 [N]. 电子政务，2003 - 08 - 05.

[22] 洪银兴. 新型工业化道路的经济学分析 [J]. 贵州财经学院学报，2003 (1).

[23] 曲格平. 探索可持续的新型工业化道路 [J]. 环境保护，2003 (1).

[24] 左敏，韩文秀. 山东省工业化发展趋势研究 [J]. 山东经济战略研究，2004 (10).

[25] 武义青，高钟庭. 中国区域工业化研究 [M]. 北京：经济管理出版社，2002.

[26] 杨海明. 浙江：如何加速工业化进程——浙江工业化水平实证分析 [J]. 今日科技，2003.

[27] 尹继东，陈斐. 中部六省工业化水平比较与发展对策 [J]. 经济研究参考，2003.

[28] 黄燕，李云华. 工业化水平的测定：理论与实证研究——闽粤赣边与珠三角、长三角经济区工业水平的比较分析 [J]. 汕头大学学报（人文社会科学版），2002.

[29] 孙天琦. 结构差异：西部与全国工业化的一个比较研究 [J]. 金融研究，2004.

[30] 余建英，何旭宏. 数据统计分析与 SPSS 应用 [M]. 北京：人民邮电出版社，2002.

[31] 孙成权，冯筠. 中国西北地区资源与环境问题研究 [M]. 北京：中国环境科学出版社，2001.

[32] 魏后凯. 走向可持续协调发展 [M]. 广州：广东经济出版社，2001.

[33] 吴群刚，冯其器. 从比较优势到竞争优势：建构西部地区可持续的产业发展能力 [J]. 管理世界，2001 (4).

[34] 杨大利. 改革以来中国省内地区差异的变迁 [J]. 中国工业经济，1995 (1).

[35] 卢中原. 东西部差距扩大问题分析 [J]. 经济研究，1996 (7).

[36] 宋学明. 中国区域经济发展及其收敛性 [J]. 经济研究，1996 (9).

[37] 魏后凯. 中国地区间居民收入差异及其分解 [J]. 经济研究，1996 (11).

[38] 中国社会科学院工业经济研究所. 中国工业发展报告 (2000) [M]. 北京：经济管理出版社，2001.

[39] 中国社会科学院工业经济研究所. 中国工业发展报告 (2001) [M]. 北京：经济管理出版社，2002.

[40] 中国社会科学院工业经济研究所. 中国工业发展报告 (2002) [M]. 北京：经济管理出版社，2003.

[41] 中国社会科学院工业经济研究所. 中国工业发展报告 (2003) [M]. 北京：经济管理出版社，2004.

[42] 洪银兴，刘志彪，等. 长江三角洲地区经济发展的模式和机制 [M]. 北京：清华大学出版社，2003.

[43] 洪银兴. 可持续发展经济学 [M]. 北京：商务印书馆，2000.

[44] 王延中，等. 基础设施与制造业发展关系研究 [M]. 北京：中国社会科学出版社，2002.

[45] 曲福田. 可持续发展的理论与政策选择 [M]. 北京：中国经济出版社，2000.

[46] 郭克莎. 中国工业发展战略及政策的选择 [J]. 中国社会科学，2004 (1).

[47] 程艳. 新型工业化道路之"新"解读——以浙江省为例 [J]. 学术交流，2004 (10).

[48] 陈佳贵，黄群慧，等. 中国工业现代化问题研究 [M]. 北京：中国社会科学出版社，2004.

［49］郑天祥.粤港澳经济关系［M］.广州：中山大学出版社，2001.

［50］洪银兴，刘志彪，等.长江三角洲地区经济发展的模式和机制［M］.北京：清华大学出版社，2003.

［51］魏后凯.长江三角洲地区制造业竞争力提升战略［J］.上海经济研究，2003（4）.

［52］上海财经大学区域经济研究中心《2002—2003上海城市经济发展报告》课题组.长江三角洲经济一体化：2002—2003上海城市经济发展报告［M］.北京：中国农业出版社，2003.

［53］"工业化与城市化协调发展研究"课题组.工业化与城市化关系的经济学分析［J］.中国社会科学，2002（2）.

［54］何国勇，徐长生.比较优势、后发优势与中国新型工业化道路［J］.经济学家，2004（5）.

［55］成金华.自然资本及其定价模型［J］.中国地质大学学报（社会科学版），2005（1）.

［56］国家计委产业发展司.加快工业结构调整，促进产业升级——五年来工业结构调整回顾［J］.宏观经济管理，2002（12）.

［57］张涛.经济持续增长的要素分析［J］.数量经济技术经济研究，2001（4）.

［58］范金.可持续发展下的最优经济增长［M］.北京：经济管理出版社，2002.

［59］陈艳莹，原毅军.基于自然资本的经济增长可持续条件研究［J］.当代经济科学，2003（4）.

［60］周少波，胡适耕.自然资源与经济增长模型的动态分析［J］.武汉大学学报（理学版），2003（5）.

［61］周叔莲，郭克莎.中国工业增长与结构变动研究［M］.北京：经济管理出版社，2000.

［62］李荣融.培育和发展具有国际竞争力的大型企业集团［J］.国有资产管理，2001（8）.

［63］"企业集团发展规模经济及结构调整"课题组.企业集团发展规模经济的现状、

问题及对策［J］. 改革，2001（2）.

［64］毕秀水. 经济增长理论生态要素的缺失及其重构［J］. 学习与探索，2004（6）.

［65］西蒙·库兹涅茨. 现代经济增长（中译本）［M］. 北京：北京经济学院出版
社，1989.

［66］S. Y. Tanker. 工业化与经济发展（英文版）［M］. 吴奇，王松宝，等译（印度）
巴门拜，1995.

［67］张培刚. 农业与工业化［M］. 北京：商务印书馆，2019.

［68］杨勇，盛军峰. 中国新型工业化模式的比较分析［J］. 开发研究，2004（2）.

［69］广东省统计局. 广东工业统计年鉴（2003）　［M］. 北京：中国统计出版
社，2003.

［70］广东省统计局. 广东工业统计年鉴（2004）　［M］. 北京：中国统计出版
社，2004.

［71］路平. 跨世纪的广东现代化探索［M］. 广州：广东高等教育出版社，2000.

［72］王全意，张德进，刘海云. 湖北省新型工业化相关指标分析——兼论我省走新型
工业化道路的应对措施［J］. 湖北社会科学，2004（11）.

［73］谭崇台. 发展经济学［M］. 北京：人民出版社，1985.

［74］道格拉斯. 经济史中的结构与变迁［M］. 陈郁，罗华平，等译，上海：上海三
联书店，上海人民出版社，1998.

［75］费孝通，罗涵先. 乡镇经济比较模式［M］. 重庆：重庆出版社，1988.

［76］伍新木. 县经济概论［M］. 北京：中共中央党校出版社，1988.

［77］马克思. 资本论（第一卷）［M］. 北京：人民出版社，1975.

［78］徐荣安. 中国城乡融合经济学［M］. 北京：中国展望出版社，1988.

［79］胡必亮. 中国经济问题评析［M］. 太原：山西经济出版社，1998.

［80］王青云. 县域经济发展的理论与实践［M］. 北京：商务印书馆，2003.

［81］周日礼. 中国乡镇经济学［M］. 合肥：安徽人民出版社，1985.

［82］杨德才. 工业化农业发展问题研究：以中国台湾为例［M］. 北京：经济科学出

版社，2002.

[83] 程恩富，胡乐明．经济学方法论——马克思、西方主流与多学科学视角 [M]．上海：上海财经大学出版社，2002.

[84] 周起业，刘再兴，等．区域经济学 [M]．北京：中国人民大学出版社，1989.

[85] 蔡秀玲．论小城镇建设——要素聚集与制度创新 [M]．北京：人民出版社，2002.

[86] 张维迎．博弈论与信息经济学 [M]．上海：上海三联书店，上海人民出版社，1999.

[87] 胡必亮．发展理论与中国 [M]．北京：人民出版社，1998.

[88] 费孝通．费孝通论西部开发与区域经济 [M]．北京：群言出版社，2000.

[89] 刘克祥．简明中国经济史 [M]．北京：经济科学出版社，2001.

[90] 曹锦清，张乐天，陈中亚．当代浙北乡村的社会文化变迁 [M]．上海：上海远东出版社，2001.

[91] 孙久文．中国区域经济实证研究 [M]．北京：中国轻工业出版社，1999.

[92] 陆立军．区域经济发展与欠发达地区现代化 [M]．北京：中国经济出版社，2002.

[93] 罗伯特·M. 索洛．经济增长因素分析 [M]．北京：商务印书馆，1999.

[94] 魏后凯．中国地区发展——经济增长、制度变迁与地区差异 [M]．北京：经济管理出版社，1998.

[95] 厉以宁．区域发展新思路 [M]．北京：经济日报出版社，2000.

[96] 宋璇涛．寻求区域经济非均衡协调发展 [M]．北京：中共中央党校出版社，2001.

[97] 黄卫平．发展经济学 [M]．成都：四川人民出版社，2003.

[98] 陆建．乡村工业与城市工业相似性分析 [J]．安徽大学学报，1996 (6).

[99] 陈立旭．论家族文化与浙江企业组织 [J]．中共杭州市委党校学报，2001 (2).

[100] 柳红．台湾中小企业发展情况概览 [J]．改革，1999 (2).

[101] 陈乃醒．台湾中小企业发展概览 [J]．中国工业经济，1995 (3).

[102] 彭璧玉.农村工业环境经济的"李嘉图陷井"及其防范 [J].生态经济，1996（1）.

[103] 李梁，沈颖.湖州邵墓村——一个村庄的"进化" [N].南方周末，2004 - 03 - 04.

[104] 郭代模，魏学明."枣阳模式"的新发展及其启示 [J].财政研究，1998（9）.

[105] 周洪江.县属工业企业产权制度改革 [J].学术交流，1994（2）.

[106] 宁怀彬.凤翔县属企业改制改出一片新天地 [N].陕西日报，2004.

[107] 朱水成，谢桂平.21 世纪乡镇企业可持续发展的思路 [J].现代管理科学，2001（3）.

[108] 蔡和泉.京津冀一体化河北突围专题，地域文化的经济思维 [N].燕赵都市报，2004 - 03 - 29.

[109] 罗能生，黄上国.制度非均衡的理性分析 [J].湖南商学院学报，2002（5）.

[110] 叶守民.关于发展县域工业问题的探讨 [J].江南论坛，2000（7）.

[111] 任爱众.打好工业牌，建好工业县 [J].经济论坛，1999（1）.

[112] 于振英，袁志忠.WTO 对河北省县域经济发展的挑战 [J].石家庄经济学院学报，2001（1）.

[113] 浙江省财政学会课题组.浙江省非国有经济发展现状及对策研究 [J].浙江社会科学，1995（5）.

[114] 周虎城.江苏乡企发展落后于浙江的原因分析 [J].中国农村经济，2002（3）.

[115] 王祖强，汪水波.从股份合作制度转向公司制——对浙江乡镇企业制度创新的探索 [J].改革，1999（1）.

[116] 邢纪鑫，朱建荣，李宝泰.浙江省乡镇工业产业调整应向新型轻结构迈进 [J].中国农村经济，1999（8）.

[117] 张介一，钱伯增.浙江省慈溪市宗汉镇乡企发展调查 [J].地理研究，1996（4）.

[118] 曹利军，周大杰，席玉英.区域可持续发展综合模型框架研究 [J].数量经济技术经济研究，2000（4）.

［119］刘勤红，吴天琪，盛亦兵. 21 世纪中国农村工业可持续发展的制约因素及其对策［J］. 技术监督实用技术，2000（2）.

［120］姚从容. 环境问题的信息经济学分析［J］. 中国人口·资源与环境，2003（3）.

［121］于振英，任巍，翟莉艳. 我国现行排污收费制度中的道德风险［J］. 中国物价，2001（6）.

［122］Cheng B S. An Investigation of Cointegration and Causality between Energy Consumption and Economic Growth［J］. Energy Development，1995.

［123］Hwang D，Gum B. The Causal Relationship between Energy and GNP：the case of Taiwan［J］. Energy Development，1991.

［124］Erol U，Yu ESH. On the Causal Relationship between Energy and Income for Industrialized Countries［J］. Energy development，1987.

［125］Yu S H，Jin J C. Cointegration Tests of Energy Consumption，Income and Employment［J］. Resources Energy，1992.

［126］Bovenberg A L，Sjak Smulders. Enviromental Quality and Pollution – Augmenting Technolgical Change in a Two – Sector Endogenous Growth Model［J］. Journal of Public Economics，1995.

［127］Dasgupta，Partha，Geoffrey Heal. Economic Theory and Exhaustible Resources［J］. Nisbet：Cambridge University Press，1979.

［128］Deacon，Robert T. Research Trend and Opportunities in Environmental and Natural Resource Economics［J］. Netherlands：Environmental and Resource Economics，1998.

［129］P A Samuelson. The Pure Theory of Public Expenditures［J］. Review of Economics and Statistics，November，1954.

［130］Kraft J，Kraft A. On the Relationship between Energy and GNP［J］. Energy Development，1978.

［131］Akarca A T，Long T V. On the Relationship between Energy and GNP：a reexamination［J］. Energy Development，1980.

[132] Abosedra S, Baghestani H. New Evidence on the Causal Relationship between U. S. Energy Consumption and Gross National Product [J]. Energy Development, 1989.

[133] Yu S H, Choi J Y. The Causal Relationship between Energy and GNP: an International Comparison [J]. Energy Development, 1985.

[134] King R G, Rebelo S. Transitional Dynamics and Economic Growth in the Neoclassical Model [J]. American Economic Review, 1993.

[135] Mulligan C B, Sala – I – Martin X. Transitional Dynamics in Two – Sector Models of Endogenous Growth [J]. Quarterly Journal of Economics, 1993.

[136] Daly H E. Beyond Growth: the Economics of Sustainable Development [J]. International Journal of Indust rial Organiz ation, 1996.

[137] Daly H E. Steady State Economics [M]. Washington D. C. : Island Press, 1991.

[138] Georgescu – Roegen. The Entropy Law and the Economic Process. Cambridge [M]. MA: Harvard University Press, 1972.

[139] Georgescu – Roegen, Nicholas. Energy and Economic Myths [M]. New York: Pergamon Press, 1976.

[140] Stiglitz. Growth with Exhaustible Natural Resources: Efficient and Optimal Growth Paths [J]. Review of Economics Studies, 1974.